LA MITOMANÍA

DESCUBRIENDO AL MENTIROSO COMPULSIVO

Dr. Juan Moisés de la Serna

www.juanmoisesdelaserna.es

PREFACIO

A veces nos encontramos en la vida con personas que nos dicen algo que luego resulta no ser cierto, eso puede que no deje de ser una anécdota; pero cuando las mentiras son constantes, puede que estemos ante un mitómano, es decir, una persona que miente casi compulsivamente, también conocido como mentiroso patológico.

Con este texto aprenderá en qué consiste, cómo diferenciarlo de otros casos que muestran síntomas parecidos de mentiras y cómo tratar este problema.

Objetivo:
El objetivo del libro es dar a conocer la problemática de la adicción a la mentira y sus consecuencias tanto en la persona que lo sufre como en los que le rodean.
Para ello se analiza la mentira, cómo surge y cómo diferenciarla de la patología; igualmente se dan recomendaciones sobre cómo tratar a dichas personas.
Todo ello explicado con un lenguaje claro y sencillo, alejado de los tecnicismos, explicando cada concepto, de forma que pueda servir como una verdadera guía.

Destinatarios:
- Profesionales de la salud que se tienen que enfrentar ante la atención de una patología de este tipo, donde la persona normalmente no quiere ni puede dejar de mentir.
- A parejas y familiares que sufren las consecuencias de las mentiras constantes del mitómano, para que sepan cómo afrontar esta situación.
- A cualquier persona interesada en saber cómo la mentira puede afectar a la vida y qué hacer cuando esta se convierte en una patología.

A continuación, se detallan cada uno de las temáticas principales de esta obra:
- El origen de la mentira: Existen distintos tipos de mentiras, en función del objetivo o la intención del que la dice, aprende a distinguirlas.

- La mentira entre los pequeños: Los niños aprenden a mentir desde muy jóvenes, pero para ello han de desarrollar la Teoría de la Mente, infórmate sobre qué es esta teoría y cuando surge.
- La mentira en la tercera edad: Los ancianos en ocasiones mienten, queriendo o sin querer, descubre cómo diferenciarlo.
- El diagnóstico de la mentira patológica, la mitomanía: Aprender a detectar las mentiras, y conocer cuándo estas han traspasado de lo normal a lo patológico es fundamental para poder establecer el diagnóstico oportuno.
- Tratamiento de la mitomanía: En este apartado se aborda uno de los aspectos más controvertidos de la intervención clínica con mitómanos, ya que no todos los profesionales comparten la idea de que se les pueda realmente ayudar a dejar de mentir.

Cosas siempre en la vida, tenemos que ocultar
pero nunca una mentira, deberíamos pronunciar.

No es una cosa por otra, la que hay que decir
ni engañemos a nadie, si pretendemos salir.

Pongamos atención, cuando estamos hablando
pues mentir sin intención, nos acabara pesando.

¿Qué es mentir? me pregunto, es no decir la verdad
es engañar a los otros, diciéndoles falsedad.

¿Y qué sacamos con ello?, quizás mucho creamos
pero es malo hacerlo, aunque nunca lo pensamos.

AMOR

ÍNDICE

5

Dedicado a mis padres

AGRADECIMIENTOS

Aprovechar desde aquí para agradecer a todas las personas que han colaborado con sus aportaciones en la realización de este texto, especialmente a D. Bernardo Ruiz Victoria, director del programa Victoria sobre tratamiento de adicciones y a D. Rafael López, Director de la Fundación Universitaria Behavior & Law

AVISO LEGAL

© Juan Moisés de la Serna, 2015
Primera edición: Diciembre del 2015
Texto Revisado: Mayo del 2016
ASIN: B01A6XJ6S2
Depósito Legal: COI-157-2015

CAPÍTULO 1. ¿QUÉ ES LA MITOMANÍA?

La mitomanía, también denominada pseudología fantástica, hace referencia a un trastorno psicológico, por el cual la persona afectada, denominada mitómano o mentiroso patológico, tiene una conducta repetitiva del acto de mentir, lo que le proporciona una serie de beneficios inmediatos, como admiración o atención. Hay que aclarar que el término "mitomanía" tiene también otro significado y se refiere a una tendencia a admirar exageradamente a una persona o cosa, pero aquí nos centraremos en el aspecto patológico de su significado.

Desde el ámbito clínico se ha tratado como un tipo especial de adicción, denominado adicción comportamental o conductual, donde se sienten síntomas similares a la adicción a sustancias, como el alcohol o el tabaco, pero en este caso, se trata de una adicción a un comportamiento determinado, el de mentir.

A diferencia de otras adicciones como en la cleptomanía, en donde se produce un robo compulsivo sin buscar el enriquecimiento personal; en la mitomanía puede existir o no intención de engañar o estafar, aunque el verdadero fin es deformar la realidad para contar una historia personal más llamativa.

Al principio esas narraciones logran su efecto, cautivando a quien le escucha, obteniendo atención, respeto y hasta admiración, que es lo que en definitiva mantiene esta conducta, además del miedo a ser descubierto.

A pesar de que el mitómano hace todo lo posible por no ser desenmascarado, cuando esto sucede y se comprueba la naturaleza falsa de sus historias, el mitómano obtiene el efecto contrario al deseado, es decir, sus conocidos y amistades tienden a rechazarlo y a aislarle, al sentirse engañados.

Los familiares que ya conocen su tendencia a mentir dejan de tenerle en cuenta a la hora de tomar decisiones y no le prestan demasiada atención sobre aquello que relata.

A cualquiera de nosotros se puede acercar un desconocido y contar aspectos de su vida que pueden parecernos llamativos o curiosos, pero cuando te encuentras con la misma persona en varias ocasiones, y en cada una de ellas cuanta una historia diferente. Es fácil empezar a sospechar de la veracidad de lo que cuenta.

Pero cuando en las historias nos incluye a nosotros, con anécdotas que supuestamente hemos vivido juntos, ahí sí que no hay duda, está mintiendo y además descaradamente, en algo que es comprobable que nunca vivimos.

Este es el proceso por el que suelen pasar los más allegados, amigos y conocidos, que, en pocas veces de encontrarse con el mitómano, son capaces de comprender la problemática de este, siendo la consecuencia más directa, la inmediata pérdida de credibilidad de todo lo que diga, convirtiéndose en una persona de la que no hay que fiarse.

El círculo vicioso de la mentira
Las mentiras por falsificación u omisión pueden surgir de forma espontánea como una manera de evitar un castigo o para excusar una falta de puntualidad o de cumplimiento de alguna tarea encomendada. Llegar tarde a una cita o no tener preparado el trabajo solicitado el día anterior pueden ser situaciones propicias para que surja la mentira.

Los beneficios inmediatos que provocan estas mentiras pueden ser el detonante de un refuerzo para repetir dichas conductas; al observarse que cuanto más se repite menos tareas debe cumplir.

Existe una línea muy fina, entre un comportamiento buscando el beneficio inmediato y la conducta adictiva, ya que la segunda se adquiere por la repetición, pero sobre todo por la sensación de impunidad que deja a quién miente.

El adicto, aunque quiera, no puede dejar de mentir, pues se ha convertido en una parte de su forma de comportarse y relacionarse con los demás, llegándose a sentir indefenso si no adorna la verdad con mentiras que la hagan más interesante.

Como cualquier adicción, todos estamos expuestos a que pueda surgir la ocasión, la diferencia dependerá de la formación de valores de la persona de saber que aquello que hace no es correcto y sobre todo de ponerle freno para que no vaya a más.

La situación que puede originar un comportamiento mitómano suele estar relacionada con el estrés, cuando la persona se encuentre en un momento comprometido y piense en recurrir a la mentira como una salida fácil a dicha tensión; precisamente esa liberación que va a sentir cuando salva la situación con la mentira va a ser el motivo para que se vuelva a repetir en otras ocasiones.

No existe un patrón sobre donde será la primera vez, ni cómo se mantendrá, pero si es cierto que si la persona se encuentra en un ambiente donde dicha conducta es normal, aceptada o justificada será más fácil que se repita, por ejemplo, en el grupo de amigos, donde puede hasta que sea tomado como una gracia las continuas mentiras de uno de sus miembros.

Aunque los familiares y amigos son los que más expuestos están a estas mentiras, también son los que antes se dan cuenta de las mismas, precisamente por la convivencia con el mitómano, ya que conocen de su vida y sobre todo ven la inconsistencia de sus mentiras a lo largo del tiempo. Es por ello que las mayores "víctimas" son aquellas que se encuentra esporádicamente, sin que vuelva a ver una relación con ella

Cuando el beneficio buscado es únicamente el de provocar admiración en el otro, no tiene mayores consecuencias, pero si sobre esa base se fundamenta una relación, cuando la persona se dé cuenta de las mentiras va a tender a abandonar al mitómano, pues se habrá roto la confianza que se supone debe regir en toda relación.

Si una vez detectadas por los familiares y amigos las mentiras no son cortadas a tiempo, pueden reforzar al mitómano a seguir con esa actuación, al no encontrar freno a su conducta adictiva. La forma de proceder pues sería enfrentar al mitómano a la verdad, y exponerle las consecuencias de ello, especialmente sobre sus relaciones personales.

La mentira en la infancia

Hay que tener en cuenta que la mitomanía requiere de cierto grado de desarrollo por parte de la persona, principalmente en lo que se ha venido denominando como Teoría de la Mente.

Esta teoría da cuenta de cómo, cada uno de nosotros somos capaces de saber que las otras personas tienen sus propias formas de pensar, diferentes a las nuestras.

Esto que parece una obviedad, no es tal en los niños, que requieren de cierto nivel de desarrollo para entender que lo que él piensa es distinto de lo que piensan otros.

La Teoría de la Mente, da cuenta de un fenómeno que se creía exclusivo de la raza humana en comparación con otras especies animales, por el cual una persona es capaz de entender que la otra tiene sus propios gustos y formas de pensar, lo que le ayuda a predecir su comportamiento; siendo el engaño la forma más fácil de evidenciar esta teoría.

Si soy capaz de engañar al otro, es que sé lo que va a pensar esa persona y yo me anticipo para beneficiarme de ello.

Un comportamiento que se creía exclusivo de los humanos, hasta que se comprobó cómo también lo exhibían primates superiores, más próximos evolutivamente a nosotros.

La característica principal es que uno, llega a saber, entender y comprender que es un individuo diferente del otro, con una forma de pensar y, sentir y actuar propia. Y que los otros, son individuos como el, pero con sus propios pensamientos sentimientos y formas de actuar. Esto que parece muy simple permite una consecuencia, que se produzca la mentira.

Si yo puedo anticipar el pensamiento del otro, o su forma de actuar, puedo tratar de manipularlo para conseguir un beneficio al respecto.

Simplificándolo mucho, si yo sé cómo piensas tú, y quiero algo de ti, puedo hacerte creer una falsedad para conseguirlo.

Por ejemplo, al atribuirme algún hecho realizado por otro, pero que quiero que el que está delante, crea que lo he hecho yo.

Tal y como se ha enunciado, esta capacidad de mentir a otros, y de conseguir de los demás lo que uno quiere, se ha visto tanto en primates como en otras especies animales, como forma de engañar a sus semejantes o a otras especies.

Actualmente desde la zoología y la biología en general, existen multitud de ejemplos de "engaños" dentro del reino animal, algo que no está aceptado por todos, que el engaño sea suficiente para determinar que existe Teoría de la Mente.

Pues hay que distinguir, que, por ejemplo, algunos animales usan el camuflaje para mimetizarse con el ambiente donde se encuentran y no ser vistos por sus presas, el mayor ejemplo de ello sería el camaleón.

Igualmente, otros animales usan colores vivos para señalizar que son venenosos, cuando en realidad no lo son, evitando de esta forma ser presa fácil, tal es el caso de algunos invertebrados que "copian" los colores de especies venenosas.

A pesar de que en ambos casos se busca "engañar" a los depredadores, no se considera que se esté mintiendo como tal, ya que ni existe una Teoría de la Mente ni una intencionalidad consciente de ello.

Los niños por su parte, tampoco tienen esa intencionalidad a la hora de expresar lo que quieren o desean, con el tiempo y la práctica van desarrollando tanto las habilidades lingüísticas como cognitivas, lo que les va a permitir a estos poder mentir, en cuanto adquieran la Teoría de la Mente.

Hay que tener en cuenta que, a diferencia de los adultos, los pequeños no expresan las mentiras de la misma forma. Un estudio analiza el tipo de mentiras en pequeños entre los 6 a 12 años para tratar de comprender por qué se producen estos.

Lo primero que hay que aclarar sobre esta cuestión es el concepto de mentira infantil, hay que tener en cuenta que para que sea una "auténtica mentira" tiene que tener una serie de elementos, como es la intencionalidad de engañar al otro, y para ello tiene que existir una diferenciación entre lo que yo pienso y lo que el otro piensa.

Esto que en adultos es evidente, no se desarrolla plenamente en los niños hasta los 6 a 8 años, en que se conforma la Teoría de la Mente, esto es, el niño aprende que es una persona individual, con pensamientos y sentimientos propios, y que los demás tienen su propia forma de pensar. Con esta premisa es posible llevar a cabo el engaño, para que el otro piense lo que nosotros queremos, como… "Yo no he sido" o "Nadie me lo dijo".

Igualmente hay que establecer una distinción entre el tipo de mentira, entre la antisocial y la prosocial. La primera da cuenta de las mentiras que se dicen para conseguir lo que uno quiere o evitar castigos, y aunque pueden observarse a partir de los 2 años y medio, estas mentiras no se mantienen en el tiempo, y son fáciles de detectar.

Las segundas, las prosociales, tratan de que el otro se sienta bien con su mentira, es lo que en adultos se denomina "mentiras piadosas", por ejemplo, cuando el pequeño dice a su madre que algo "está rico" a pesar de estar algo quemado, sobre esta existe menos investigación al respecto, pero ¿Cuándo un padre debe de preocuparse por las mentiras de su pequeño?

Esto es precisamente lo que se ha tratado de explorar conjuntamente desde el Departamento de Educación y Counselling Psicológico, Universidad McGill (Canadá) y el Departamento de Psicología, Facultad John Jay, Universidad de la Ciudad de Nueva (EE.UU.), cuyos resultados han sido publicados en la revista científica Journal of Experimental Child Psychology.

En el estudio participaron setenta y nueve pequeños con edades comprendidas entre los 6 a 12 años, de las cuales treinta y seis fueron niñas.

A todos ellos se les hizo pasar por una situación prediseñada denominada Paradigma del regalo decepcionante, en el que se le pide al pequeño que evalúe una serie de objetos como deseables o no.

Tras realizar unas tareas, un colaborador le da un regalo, una caja cerrada que han de abrir, en ocasiones va a contener algo deseable para el pequeño y otras, que no son de su preferencia (situación decepcionante). En todos los casos el colaborador le pregunta si le gustó el regalo.

En la segunda situación, la decepcionante, se observa si el pequeño quiere cambiar el regalo, dice que no le gusta o dice que le gusta, este último se considera una mentira prosocial, dicha para no disgustar al colaborador.

Igualmente, se les realizó una prueba para conocer hasta qué punto tenían desarrollado la Teoría de la Mente, además de un test de Stroop (donde se presentan palabras de distintos colores, unas veces se ha de leer la palabra independientemente de color y otras el color independientemente de la palabra, la dificultad se presenta ante palabras como NEGRO escritas en rojo, o VERDES escritas en azul) para observar la flexibilidad mental, y para concluir una prueba de memoria de trabajo evaluado mediante la subescala de Digit Span de la prueba de inteligencia estandarizada Wechsler Intelligence Scale for Children–Fourth Edition.

Los datos informan de que no existen diferencias significativas entre los resultados obtenidos entre niños y niñas.

En más de la mitad de los casos (59,5%), los pequeños mostraron mentira prosocial, los cuales además tenían significativamente un mayor desarrollo tanto en la Teoría de la Mente, como en cuanto a memoria de trabajo se refiere.

A pesar de la claridad de los resultados, los autores no entran a valorar por qué unos niños tienen un mayor o menor desarrollo de la Teoría de la Mente que otros, ni tan siquiera si existe relación entre esta y la edad del pequeño.

Igualmente, y a pesar de que se trata de una situación prediseñada, la observación natural, es decir, en su casa o con sus amigos, puede proporcionar mayor información al respecto que la que se obtiene en el laboratorio.

Por último, indicar que aquellos niños que muestran mentira prosocial parece ser que son los más desarrollados en las habilidades cognitivas evaluadas, por lo que hay que replantearse el concepto de mentira como algo negativo, por lo menos en lo que se refiere a la mentira prosocial o la mentira piadosa.

Quedando para próximas investigaciones la comparación entre los dos tipos de mentira, para saber si se produce a la misma edad o son independientes entre sí, porque estén sustentados por procesos diferentes.

Hay que tener en cuenta que al igual que otras conductas, los pequeños aprenden de los progenitores a cómo comportarse, y son estos, quienes en las primeras etapas pueden ir "moldeando" al pequeño.

Así, si los adultos le ríen la mentira, el pequeño aprenderá a que aquello que hace "es bueno", o al menos "no es malo", con lo que es más probable que lo repitan.

Todavía recuerdo un cuento que me contaron de pequeño a este respecto, el cuento del lobo y el pastorcillo, el cual busca transmitir a los pequeños lo inadecuado de la mentira.

Se trataba de un pastorcillo que vivía en un pueblo, encargado de cuidar a las ovejas y de dar la voz de alerta si se acercaba algún peligro.

Así, el pastorcillo que se reía de todos, cuando daba el aviso "Que viene el lobo", y todos se prestaban a defenderse con miedo; a la tercera vez que lo hizo, que era precisamente cuando había visto que en efecto venía el lobo, nadie le creyó, y atacó al ganado que cuidada el pastorcillo.

Es decir, en este simple cuento se transmite, que, si se miente mucho, los demás acabarán por no prestarle atención y no le creerán, incluso cuando diga la verdad.

Esto que se transmite desde la infancia, es precisamente lo que sucede en la realidad, pero de la cual el pequeño no es consciente hasta que se la enseñan.

Lo que es capaz de aprender de sus progenitores, además de las destrezas que vaya adquiriendo con el desarrollo cognitivo y con la experiencia con los demás, va a ir conformando la Teoría de la Mente, la cual es tan necesaria para los pequeños.

Hasta ahora, esta teoría se creía universal e igual para todos, es decir, todos los niños independientemente de lo que hiciesen, o donde viviesen iban a desarrollar la Teoría de la Mente en el mismo momento, debido a un proceso evolutivo preprogramado del individuo, pero un reciente estudio lo cuestiona.

La investigación transcultural permite comprender si existen fenómenos psicológicos constantes a pesar de la distancia y sobre todo de la cultura, o estos se ven influidos por el país en donde se desarrolle el individuo.

La Teoría de la Mente surge en los más pequeños por su experiencia y por el propio desarrollo cognitivo asociado, aunque éste no es un proceso que evolucione a la misma "velocidad" en todo el mundo ya que depende del país donde se encuentre.

Al menos así, lo afirma un estudio realizado conjuntamente por el Centro de Investigación de la Familia, Universidad de Cambridge (Inglaterra), la Facultad de Educación, Universidad de Kioto (Japón) y el Departamento de Humanidades, Universidad de Pavia (Italia).

En el estudio participaron doscientos sesenta y ocho escolares con edades comprendidas entre los 5 a 6 años, de tres países diferentes, Inglaterra, Italia y Japón, realizándose comparaciones entre ellos con los resultados obtenidos sobre la Teoría de la Mente.

A todos los participantes se les pasó por la lectura de dos textos "The Nasty Surprise" y "The Chocolat Story", en donde se trata el engaño entre personajes de fábula, para evaluar si el pequeño puede comprender cómo se produce la mentira, preguntándole cómo se sentiría el personaje engañado y porqué.

Igualmente, se les evaluó en su desempeño lingüístico a través de la escala estandarizada denominada Wechsler Preschool and Primary Scale of Intelligence (W.P.S.I.-III).

Los datos sugieren que los niños ingleses obtienen mejores resultados que los japoneses y que los italianos.

Los autores indican que la superioridad en los resultados de la cultura occidental (inglesa e italiana) sobre la oriental (japonesa) tiene su origen en la distinta forma de ver la vida y de afrontarla, lo que explicaría estas diferencias en la Teoría de la Mente.

Mientras que la "superioridad" del sistema inglés frente al italiano, se debe a que en el primero la incursión del pequeño en el sistema educativo se hace antes, por lo que, ante la misma comparación de edad, de 5 a 6 años, el niño inglés ya ha recibido suficiente estimulación que favorece un mayor nivel de desarrollo de la Teoría de la Mente frente al niño italiano, que no ha tenido casi experiencia académica favorecedora al respecto.

Lo que evidencia distintos niveles de Teoría de la Mente en función del país donde se viva, pero sobre todo del sistema educativo en el que se ve inmerso desde pequeño.

Aunque hasta ahora hemos destacado el papel de la Teoría de la Mente como necesaria para que se pueda producir una mentir, tal y como se comenta en el estudio, la importancia de conocer la Teoría de la Mente va más allá, ya que ésta además se relaciona con el éxito académico y social del pequeño, sobre el que se cimienta las experiencias positivas que le van a ayudar a un mejor desarrollo futuro.

Éste estudio abre la puerta a la comprensión del fracaso escolar y de la necesidad de revisar los modelos educativos de cada país, para proporcionar no sólo un conocimiento adecuado a los alumnos sino también un ambiente adecuado de motivación y de desarrollo cognitivo como es la Teoría de la Mente, debido al importante papel que éste va a jugar en otras áreas de la vida futura del pequeño.

Hay que tener en cuenta que la mentira, tal y como se ha indicado se va "construyendo" en sociedad desde pequeño, donde el menor aprende sobre las consecuencias de decir la verdad o no.

Una de las capacidades más útiles para nuestro desarrollo en sociedad es la posibilidad de detectar falsas creencias tanto en uno mismo como en los demás.

Se considera que un niño tiene desarrollada esta habilidad denominada Teoría de la Mente cuando es capaz de detectar los pensamientos propios y de los demás, y compararlos con la realidad, dándose cuenta de cuando se produce un engaño.

Esta habilidad la desarrollamos como parte de la socialización, por el cual somos capaces de identificar el lenguaje vernal y no verbal de los demás y descifrarlo adecuadamente con lo que darnos cuenta de si nos engañan, o de poder engañar nosotros mismos a otros.

Esta habilidad que se desarrolla entre los 3 a 6 años y que vamos perfeccionando a lo largo de nuestra vida, permite a aquellos que la tienen poder pensar en lo que al otro le gusta, quiere y cree, como persona independiente de nosotros.

Antes de que esta capacidad surja los pequeños piensan que todos los demás saben, creen y quieren lo mismo que él, no siendo capaz de establecer una clara diferencia entre el mundo mental interno y el externo. Precisamente, esta falta de separación entre el mundo interno y el externo es uno de los principios en los que se basan aquellos que determinan que esta falta de desarrollo se ve sobre todo en los pequeños con trastorno del espectro autista.

Una habilidad que les es muy difícil de desarrollar y que llega a ser característica de su condición, lo que le "cierra la puerta" a buena parte del desarrollo social basado precisamente en saber que el otro tiene sus pensamientos, sentimientos y deseos, independientemente de los propios.

A medida que crecemos y vamos teniendo más experiencia, somos capaces, ya no solo de saber que los demás piensan de forma diferente a nosotros, sino de identificar que cada una de las personas tiene su propia mentalidad, y de ahí va surgiendo la posibilidad de colaborar con los deseos del otro, o aprovecharse con engaños de ello, pero ¿Es posible entrenar a los niños para detectar falsas creencias?

Esto es precisamente lo que se trata de investigar desde la Universidad de Girona (España) cuyos resultados han sido publicados en la revista científica Child Development Research.

En el estudio participaron setenta y ocho pequeños, cuarenta y un niñas y treinta y siete niños, a los cuales se les requería tener un desarrollo normal, por lo que tenían que pasar por una prueba de vocabulario estandarizado denominado P.P.V.T. (Peabody Picture Vocabulary Test).

Se realizó un análisis previo y posterior tras el entrenamiento para comprobar la eficacia del mismo evaluado a través del U.C.T. (Unexpected Content Task), donde se observaba si llegaban a comprender o no las falsas creencias, lo que se completó con las respuestas razonadas sobre su elección.

Los resultados indican que aquellos niños con mejores puntuaciones en la prueba previa de comprensión de falsas creencias progresaron significativamente con el entrenamiento, mientras que aquellos que tenían puntuaciones bajas previas no mostraron diferencias en cuanto al aprendizaje en el entrenamiento. Lo que demuestra el escaso efecto del entrenamiento tal y como está diseñado.

A pesar de informar sobre el número de participantes en función del género, no lo hacen con respecto al número de ellos que tenían puntuaciones más elevadas y que luego aprendieron mejor, lo que no permite concluir si los datos son igualmente válidos para ambos géneros, o este entrenamiento es mejor para niñas o para niños. Igualmente, el número reducido de participantes hace que se requiera de nueva investigación al respecto.

Por último y no por ello menos importante, la implicación del entrenamiento a la hora de aplicarlo con niños con trastorno del espectro autista, los cuales normalmente van a tener una puntuación baja, por lo que el entrenamiento tal y como está diseñado no les serviría para superar esta deficiencia en el desarrollo tan importante para las habilidades sociales y con ello la integración con sus iguales.

CAPÍTULO 2. SÍNTOMAS DE LA MITOMANÍA

Como cualquier otra psicopatología, este trastorno se define por una serie de síntomas que van a ser más o menos evidentes. Los cuales deben de servir de señal para familiares y amigos para saber que algo no va bien. El especialista por su parte va a explorar a la persona en consulta para conocer si se dan o no estos síntomas para poder establecer un diagnóstico de mitomanía o adicción a mentir.

Este trastorno no está contemplado en el manual del diagnóstico más extendido en EE.UU. el D.S.M.-V (siglas en inglés de Manual Diagnóstico y Estadístico de los Trastornos Mentales, actualmente en su versión quinta), aunque sí en el usado en Europa, denominado C.I.E.-10 (Clasificación Internacional de enfermedades actualmente en su décima versión) dentro del Trastorno Asocial de la Personalidad, cuyas características principales son, un descuido de las obligaciones sociales y un distanciamiento en la empatía con los sentimientos hacia los demás. Donde existe una gran disparidad entre la conducta de la persona y las normas sociales prevalecientes, con un comportamiento que difícilmente se modifica a través de las experiencias adversas ni aun por medio del castigo.

Teniendo estas personas una baja tolerancia a la frustración, así como un bajo umbral para las conductas agresivas, facilitando así a la aparición de la violencia.

Con una clara tendencia a culpabilizar a otros, o a ofrecer racionalizaciones casi verosímiles acerca del comportamiento que lleva a la persona a entrar en conflicto con la sociedad.

Tradicionalmente se ha considerado a la mitomanía como incluida entre los trastornos del impulso, ya que comparte síntomas y características comunes con otro tipo de adicciones como son:

- Altos niveles de ansiedad cuando se encuentra en situaciones propicias para el acto.

- Pensamientos recurrentes de intrusión que incitan al afectado a mentir.

- Impotencia a resistirse al impulso de falsear la realidad.

- Liberación de la presión con satisfacción al no ser descubierto en sus mentiras.

Esto va a generar un círculo vicioso retroalimentado que va a fomentar y mantener la conducta adictiva de mentir, incluso en el caso de ser "pillado", va a infravalorar las consecuencias que estas mentiras están provocando en su vida.

Entre las manifestaciones de la mitomanía que le son propias y le hace diferente a otras adicciones están:

- Tendencia a desdibujar la realidad con grandilocuencias.
- Búsqueda de la aceptación y admiración de sus interlocutores.
- Baja autoestima junto con pocas habilidades sociales.
- Miedo constante a ser descubierto.
- Mentira elaborada, extensa y complicada.
- Incremento progresivo de la magnitud de las mentiras con el tiempo.

En etapas más avanzadas de la mitomanía, cuando la persona ha perdido el "control" sobre su trastorno, las mentiras dejan de estar bien estructuradas y con un discurso muy ordenado, lo que dará paso a historias cada vez más fantásticas y alejadas de la realidad.

Igualmente, si bien al principio es consciente de que está mintiendo, a medida que va mintiendo y mintiendo, al final va a llegar a "creerse su mentira".

La mentira, tal y como se verá extensamente en el apartado siguiente, puede estar presente en otros problemas mentales, como el trastorno límite de la personalidad, trastorno bipolar o el trastorno de esquizofrenia; incluso es habitual que se presente junto a otras adiciones como la del consumo de sustancias ilegales o la ludopatía.

Precisamente al creerse las personas sus propias mentiras, es lo que va a dificultar que se dé cuenta sobre que tiene un trastorno y por tanto difícilmente va a buscar a un especialista para que le ayude con su problema. Incluso si es algún familiar o su propia pareja quien le lleva a consulta, es difícil que acepte su problema, y por tanto en la mayoría de los casos se negará a colaborar con la terapia, por lo que el resultado alcanzable será muy escaso.

Perfil del mitómano

Aunque todavía existe escasa investigación al respecto parece ser que la mitomanía es más frecuente en hombres, encontrándose su origen en determinadas características de la personalidad que irá conformando el hábito de mentir, entre ellas, el mitómano suele ser narcisista, tener baja autoestima, deficiencias en habilidades sociales, y desconfianza en las personas y sus relaciones, entre otros.

Se estima que alrededor del 1% de la población general puede sufrir mitomanía, siendo la edad media de diagnóstico a partir de los 22 años.

Algunos autores hablan incluso de que podría existir cierta predisposición genética, aspecto todavía en controversia.

A modo de broma, siempre que hablo con mis colegas sobre la mitomanía, ellos me expresan que los políticos son los primeros y más claro ejemplo de mitómanos, pero yo les tengo que explicar que estos pueden ser mentirosos o manipuladores, pero no mitómanos. Ante su sorpresa les aclaro que la mitomanía no tiene una intencionalidad detrás, que no buscan nada del otro, más que admiración y aparentar ser más de lo que son.

Aunque el político pueda parecer tener algo de esto, no queda ahí, las medias verdades o las mentiras directamente tienen un fin detrás, buscar votos, recaudar dinero, dañar la imagen de sus adversarios, ...

Nada de esto último es una actuación del mitómano, más preocupado de hacer más creíble y complejo su propia mentira, deleitándose con la cara de asombro y casi veneración que consigue de los otros, pero en ningún caso estando pendiente de los votos, o del número de su cuenta para ver si ha conseguido más donativos para su campaña.

Para mí, los políticos podrán ser ejemplo de muchas cosas, pero no de mitomanía, en sentido estricto del término.

La mentira en la tercera edad
Una de las circunstancias más difíciles para las personas mayores, es cuando estos van perdiendo la memoria, lo que poco a poco les va a ir separando de la realidad en la que viven.

Si bien, vamos conformando nuestra vida con recuerdos, con acontecimientos del pasado, que dan sentido a lo que somos o lo que hacemos.

Cuando el olvido entra en nuestra vida, se van produciendo lagunas en la memoria, espacios en blanco de nuestro pasado que hacen que tengamos que afrontar nuevas circunstancias, la de poder perder el sentido delo que somos.

Si bien es cierto, que, si nos preguntan a cualquiera de nosotros sobre nuestro pasado, algún acontecimiento del mismo, los detalles pueden sean estén vagos y difusos, e incluso que no recordemos ese hecho, sobre todo si se trata de algo "corriente".

Es posible que seamos capaces de relatar lo que hicimos el día en que cumplimos 16 años, pero seguro que nos será imposible que recordemos qué pasó ese mismo día un mes antes. Debido a que lo extraordinario es más fácil que lo recordemos que los hechos cotidianos.

Pero todos estos hechos van a ir guardándose en la memoria, y conformando lo que somos como personas. Además, la memoria guarda los acontecimientos en función de las emociones fuertes que lo rodean. Así un accidente de tráfico, la muerte de un familiar o el nacimiento de nuestro primer hijo, van a ser mucho mejor recordados, que incluso nuestros cumpleaños, ya que la carga emocional, es superior en estos.

Así un gran disgusto, puede "amargarnos" el carácter, saber que tu pareja te engaña, o que se muera trágicamente tu hijo, pueden ser determinantes para cambiar tu carácter, pero cuando se llega la tercera edad, y empiezan a producirse esos problemas asociados a la memoria todo cambia,

Resulta que ahora las razones de nuestra forma de ser, conformados por esos hechos del pasado, ya no están. Aquella persona que hace 20 años con la que no se habla, por haberle "robado" la novia, resulta que ahora, si se lo encuentra habla tranquilamente con ella, como si de un amigo se tratase, y todo porque no recuerda ese acontecimiento desagradable que desencadenó ese sentimiento de traición, y de la consiguiente separación y alejamiento de la persona.

Pues igual sucede con el resto de los recuerdos, a medida que esto se van borrando, la personalidad del anciano va también cambiando. Pero uno no suele conformarse con perder hechos de la memoria y ya está. El cerebro tiene mecanismos para ir rellenando las lagunas, a través de historias inventadas.

Mentiras que no pueden ser equiparables a las del mitómano, pues no existe ninguna intencionalidad ni beneficio, más allá del unir los puntos de una línea, donde existe un hueco en el recuerdo.

Pero si bien, esto puede ser normal e incluso bueno al principio. La persona, sin darse cuenta puede entrar en un círculo de mentir, en donde se siente más tranquilo, iniciando así un proceso de mitomanía, ahora sí alimentado por el beneficio de verse así mismo "completo".

Cualquiera que trate de confrontar al anciano con la realidad, de hacerla ver que está en su error, se convierte en una molestia,

En los casos más extremos, tal y como pasa en la mitomanía, se puede desarrollar episodios de paranoia en donde se cree que todo el mundo está en su contra, y que si le dicen que se equivoca o que no es así, piensan que lo hacen para poner en juicio su palabra y hacerles dudar.

En el caso de que se padezca alguna enfermedad neurodegenerativa asociada a la pérdida de la memoria, como en el Alzheimer todo este proceso es mucho más rápido.

La diferencia esencial, con respecto al anciano con un envejecimiento normal, es que desde que se tiene el primer diagnóstico de sufrir la enfermedad de Alzheimer, el especialista que lleva el caso, pone en sobre aviso a los familiares para que sepan lo que se van a encontrar en cada fase de la enfermedad, la cual, al no tener actualmente cura, va a ir con el tiempo empeorando en cuanto a su sintomatología., incluida las lagunas de memoria.

Indicar también que en la tercera edad se producen leves deterioros cognitivos propios de la edad, que a veces llevan a los mayores a cambiar su personalidad, hasta tal punto que pueden llegar a ser irreconocibles para sus familiares y amigos más allegados.

Así se produce en algunos casos una rigidez de pensamiento, que impide darse cuenta del punto de vista de los demás, tomando como cierto únicamente el suyo, considerando un "ataque a su persona" cualquier opinión que no se ajuste a "su verdad".

Igualmente, y con motivo del deterioro de los ancianos se pueden observar conductas de mentiras continuadas como forma de conseguir atención o de evadir algún tipo de tarea que tenga asignada, pero sin llegar a ser un mentiroso compulsivo.

La diferencia estriba en que la persona valora más aquello que va a conseguir o evitar que la verdad, todo ello producto de un deterioro cognitivo, ya que con anterioridad no mostraba dicho comportamiento.

Pero la edad no sólo va a influir en lo que la persona recuerde o no, aspecto que puede que no tenga mucha relevancia en su ámbito familiar, pero que puede influir en la vida de otros, por ejemplo, cuando la persona es testigo de un delito y se le requiere en un jurado para que testifique lo que vio.

Aspecto que en cualquier otra situación no sería nada más que algo anecdótico, pero es muy grave cuando del testimonio de una persona depende que al acusado le puedan meter o no en prisión.

Es cierto que son muchas las circunstancias que pueden influir en un testigo, tanto del momento en que experimentó y vivió aquel hecho, como cuando lo recupera. Tal es así, que dependiendo de las preguntas que se le haga a la persona, se puede estar incidiendo sobre unos detalles y no sobre otros, e incluso se puede conseguir que dude de sí mismo.

Pero lo más frustrante para la policía como para los abogados es cuando alguien dice estar totalmente seguro de lo sucedido y de la persona que lo ha perpetrado, y luego resulta que no es cierto, a esto se le denomina falso recuerdo.

Hay que excluir de este concepto, la intención consciente de engañar y manipular la respuesta en busca de algún beneficio personal o incluso hacer algún mal a otro, en esos casos se habla de engaño o simulación, pero no de falso recuerdo.

Aunque actualmente existen muchos medios mecánicos que pueden registrar los eventos delictivos, ya sean cámaras de video vigilancia o los propios móviles de los presentes. El papel del testigo sigue siendo fundamental para determinar quién ha estado implicado en el hecho delictivo.

Rubio, moreno, alto, bajo, con pecas, con cicatriz... son muchos de los detalles que se les pregunta a los testigos para poder establecer primeramente el perfil del delincuente a buscar por parte de las fuerzas de seguridad, y con posterioridad se les suele pasar por una rueda de reconocimiento, donde se les presentan varias personas con características parecidas a las descritas, para que el testigo sea el que indique y señale cuál de todos ellos es el culpable.

Aspectos que siguen siendo necesarios cuando no se cuenta con otras pruebas materiales como el A.D.N. en el escenario del crimen, pero ¿Hasta qué punto es fiable el testimonio expresado?

Como se ha indicado con anterioridad muchas son las circunstancias que pueden cambiar el recuerdo, entre ellos también influye la edad de testigo, considerándose como más fiable aquellos de más edad, pero ¿Son los ancianos más propensos a tener falsos recuerdos?

Esto es precisamente lo que se trata de investigar desde el Departamento de Psicología, Centre de Epidemiología y Edad Cognitiva, Universidad de Edinburgh (Inglaterra) cuyos resultados han sido publicados en la revista científica Frontier in Aging Neuroscience.

Si se le está dando mayor peso a quien tiene más edad, como testigos fiables, frente a los jóvenes, hay que explorar la posibilidad de ver si estos sufren o no más casos de falsos recuerdos.

Se realizaron dos experimentos, en el primero participaron cuarenta y ocho personas, la mitad jóvenes una con media de 20 años y la otra mitad mayores con una media de 70 años.

En el segundo experimento participaron cincuenta y dos personas, la mitad pertenecía al grupo de jóvenes, con una edad media de 21 años, y el resto al de mayores, con una edad media de 69 años. En total participaron en el estudio ciento diez personas, de los cuales sesenta eran mujeres.

En el primer experimento se les pedía a los participantes que vieran unas imágenes y al final de la prueba tratasen de identificar si habían sido presentadas con anterioridad o no. En la segunda prueba, la tarea era la misma, pero ahora se les pedía que identificasen a una imagen semejante a la presentada durante la fase de prueba. Igualmente se manipuló la cualidad de las imágenes si estas eran imágenes reconocibles o abstractas.

Los resultados informan que en ambos casos los jóvenes son más diestros en identificar correctamente los estímulos previamente presentados, con independencia de si eran abstractos o no. En cambio, los mayores cuando los estímulos eran abstractos tenían mayores dificultades en el reconocimiento aumentando el número de falsos recuerdos sobre lo visionado durante la prueba.

Tal y como concluyen los autores del estudio, hay que tener en consideración las conclusiones alcanzadas sobre todo a la hora de entender como más fiable a los mayores frente a los jóvenes, ya que estos últimos a pesar de que puedan fijarse en menos detalles, también tienen menos casos de falsos recuerdos.

Hay que tener en cuenta que el número de participantes es escaso para poder concluir al respecto, igualmente el comparar poblaciones tan extremas, no permite comprobar si existe un progresivo aumento de los falsos recuerdos a medida que nos vamos haciendo mayor, o este está asociado a las limitaciones perceptivas y cognitivas asociadas a la edad, por lo que se requeriría de un nuevo grupo de edad intermedio entre los 30 a 45 años, para comprobarlo.

Igualmente, entre las limitaciones del estudio están los estímulos empleados, más propio de los laboratorios de investigación, pero que tienen poco que ver con la realidad de la calle, de ahí que requiera de nuevos estudios para comprobar si en el ámbito policial se mantienen esas diferencias entre jóvenes y mayores.

La mentira en la Demencia

Si hay una situación especialmente temida por las personas a medida que envejecen, esa es la posibilidad de sufrir demencia, sabiendo que el final va a ser una pérdida de identidad y una total dependencia de terceros para hacer hasta las funciones más simples.

Cuando hablamos de demencia, normalmente lo solemos hacer sobre la enfermedad de Alzheimer, asociándolo con la pérdida de memoria, pero ni es el único síntoma ni es el primer en aparecer. Ya desde hace unos años que se ha descubierto que los cambios emocionales que a veces se pueden confundir con depresiones asociadas a la edad, son los primeros síntomas que experimentan estos pacientes.

Con posterioridad, la memoria, se muestra como la más evidente, a pesar de que al paciente le cueste a veces reconocer su problema, debido a que va "rellenando" las lagunas de memoria, formando "falso recuerdos" y fabulaciones, para dar cierta coherencia a su propio discurso, llegándose la persona a creerse lo que dice.

Lo que no debe confundirse con la mitomanía, ya que en los pacientes de Alzheimer no existe una intención de engañar a la otra persona, tergiversando y manipulando la realidad, simplemente la persona es incapaz de acordarse de los acontecimientos y trata de superar su situación mediante invenciones que llega incluso a creerse.

Son numerosos los factores implicados en el empeoramiento de esta enfermedad, a lo que además hay que tener en cuenta que en la mayoría de los casos se produce en personas de avanzada edad, siendo considerado a partir de los 60 años la edad de inicio medio.

Esto hace que además tenga que sumar muchos de los factores que perjudican la calidad de vida de los ancianos, es decir, se unen en el enfermo las dos condiciones, la reducción de capacidades debidas a su avanzada edad que se refleja en un enlentecimiento cognitivo y motor, junto con la pérdida progresiva de habilidades, evidenciado en las deficiencias en la memoria, pero que va avanzando a otras funciones lo que puede llevar a la incapacidad total del paciente.

Pero en el grupo de las demencias además del Alzheimer se encuentran, la enfermedad de Pick, la demencia por cuerpos de Lewy, en el grupo denominado como demencias primarias. Aunque también existen otras demencias denominadas secundarias, cuyos efectos son consecuencia de sufrir otras enfermedades, como problemas vasculares, hipotiroidismo, deficiencias en vitamina B6 o tumores entre otros.

Las investigaciones actuales se suelen centrar en las causas del Alzheimer, así como en los factores que favorecen su aparición y avance, para tratar de detener esta enfermedad neurodegenerativa que va provocando una pérdida progresiva de habilidades y capacidades que lleva a la persona a ir poco a poco perdiendo su independencia, requiriendo de otras personas para cada vez más funciones.

Pero además de la presencia del Alzheimer el diagnóstico se puede complicar con la aparición de otras patologías tanto físicas relacionadas con alteraciones cardiovasculares, como psicológicas.

Todo ello no va a hacer si no complicar el tratamiento, y mientras tanto la persona está esforzándose por mantener cierta coherencia en su discurso, rellenando con fabulaciones las lagunas de su memoria, empleando para ello información muy genérica, o acontecimientos actuales situándolos en el momento del pasado que no consigue recordar. Y todo ello, no se considera mentira, ni que la persona pueda derivar en una mitomanía.

CAPÍTULO 3. DIAGNÓSTICO DE LA MITOMANÍA

Aunque su edad de inicio puede ser temprana, para el diagnóstico de la mitomanía o adicción a mentir se requiere una edad mínima de 18 años, que es cuando se considera que la personalidad está conformada y establecida, siendo el individuo plenamente consciente de sus acciones y las consecuencias que estas acarrean en los demás. Evitando así confundirse con las fabulaciones infantiles que no son mentiras en cuanto no falsean la realidad, ya que ésta todavía no está conformada y el niño la mezcla con hechos de la imaginación.

Además de la edad, en la mitomanía hay que distinguir que exista verdadera intención de engañar, y que esas mentiras no sean una manifestación de otros trastornos psicológicos como el trastorno facticio, donde la mentira llevada al extremo llega a convertirse en la realidad del paciente; o muestra del deterioro de algunas funciones cognitivas, como en el caso de las demencias, en las que el paciente, de una forma no consciente, rellena con "recuerdos inventados" sus lagunas de memoria.

Hay que tener en cuenta que este tipo de personas, van a desarrollar ciertos mecanismos de defensa ante la posibilidad de ser descubiertos en las mentiras, con ideas paranoicas, en que se siente vigilado o perseguido.

En vez de aceptar que él pueda está inventando, cuando otros le enfrentan a la verdad, con argumentos más o menos convincentes, la persona que sufre de mitomanía se siente atacada y ofendida, desarrollando así cierto nivel de paranoia frente a los que quieren convencerle de que está enfermo.

Este nivel de paranoia, cuando más alto sea, hará que la persona admita cada vez menos la opinión de los demás, especialmente de los familiares porque quieren "quitarle lo que tienen", "amargarle la vida" o incluso "encerrarles en un centro psiquiátrico".

Cualquier "excusa" es adecuada para el mitómano, para no querer recibir asistencia médica e incluso hospitalaria cuando así lo requiere.

El médico se convierte rápidamente en un elemento más de esa paranoia, siendo "cómplice" de su familiar o pareja, quienes prácticamente le han traído engañados a realizar se unos análisis cuando en realidad era para que el especialista le dijese que es un mentiroso compulsivo.

El diagnóstico por tanto se convierte en un arma que teme la persona, que el familiar o pareja pueda emplear contra él y contra sus mentiras, como forma de romper toda la "magia" que se esfuerza en conformar a su alrededor.

La persona con mitomanía, no solo no va a aceptar el diagnóstico, y el tratamiento que tiene que seguir, si no que va a pensar que el médico le está mintiendo, tal y como él hace a todo el mundo, ¿Por qué el médico iba a ser diferente a él?

Y en su mente, sin darse cuenta, empiezan a surgir "motivaciones" para esas mentiras, que se van alimentando y manteniendo a las ideaciones paranoicas. Por lo que, en poco tiempo, el mitómano tiene las "excusas "perfectas para no volver a consulta. Independientemente del diagnóstico recibido y del tratamiento "recetado para su caso"

Diagnóstico diferencial:
Uno de los aspectos más difíciles a la hora de establecer un diagnóstico sobre mitomanía, es conocer qué hay detrás de la mentira, pues existen muchas otras razones por las cuales una persona puede mentir repetidamente como en el caso de:

Las simulaciones
Donde la persona se "gana la vida" con el engaño y se dedica a ello profesionalmente, lo que se conoce como un simulador, el cual es totalmente consciente de la mentira de sus palabras y de las consecuencias que estas provocan, y a pesar de ello engañan.
En esta categoría enterarían todas aquellas profesiones y profesionales que usan y abusan de la mentira como forma de ganarse la vida.
Todo ello sin estar motivado por la notoriedad o la admiración que pueda despertar en otros, sin tener una baja autoestima, buscando con lo que el lucro personal o el conseguir una determinada meta.
La diferencia principal con la Alexitimia es que no se dan las características de personalidad del alexitímico, ni esa "adicción" a mentir.
Una de las situaciones más difíciles a las que se tiene que enfrentar el sistema sanitario es ante los "simuladores", personas que consumen tiempo y recursos sin que sufran ningún tipo de problema físico.
A pesar de lo cual acuden frecuentemente a la consulta, "inventando" o "simulando" síntomas que sólo están en la cabeza de la persona.
En ocasiones, y para ser más creíbles, estas personas pueden llegar a provocarse arañazos, quemaduras u otros daños, con lo que "autentificar" ante el personal médico de su enfermedad.

El motivo que puede encontrarse detrás de estos simuladores es muy diverso, ya sea, evitar una obligación o para conseguir un beneficio.

A este respecto recuerdo un estudio de hace ya años publicado en un diario nacional donde abordaba la temática de los "profesionales de la mentira" presentando un ranking, donde en primer lugar se encontraba la profesión del político, como prototipo de persona que usaba las medias verdades y la mentira como forma de conseguir todo aquello que quería.

En segundo lugar, se encontraba la profesión del abogado, que trata de conseguir el éxito para su cliente, usando cualquier artimaña legal a su alcance, y en lo de "cualquiera" entrarían las medias verdades para conseguir su fin.

En tercera posición, y es por ello que me llamó la atención este artículo, es que situaba a la profesión del psicólogo.

¿El psicólogo?, me preguntaba por aquel entonces, entiendo que como psicólogo me pude sentir incluso algo mal al vernos "señalados" como mentirosos, pero sí hay que reconocer que nuestro papel es el de ayudar a la persona, muchas veces sin que esta se dé cuenta de lo que lo hacemos.

Por ejemplo, en el caso del tratamiento de la mitomanía que se abordará en capítulos posteriores, será necesaria emplear "artimañas" para conseguir llevar al mitómano a consultas, porque si no, no vendría por su propio pie, igualmente la terapia debe de ir dando "derroteros" para que el mitómano no se sienta atacada y deje de acudir a consulta.

Todo ello puede considerarse como un uso de las verdades a media, tal y como sucedía en las profesiones anteriores, pero en esta ocasión para conseguir los objetivos terapéuticos marcados para ayudar al paciente con su problema.

El síndrome de Münchhausen

De esta categoría de simuladores habría que extraer una casuística concreta denominada Síndrome de Münchausen, por el cual una persona acude reiteradamente a consulta con síntomas difusos, para recibir atención médica, a esto se le denomina beneficio secundario.

Donde existen síntomas reales "simulados", pero estos son auto provocados por el paciente, bien ingiriendo medicamentos o sustancias tóxicas, para tener fiebres o vómitos; o autolesionándose para originar hematomas; pero en ésta ocasión la persona trata de alcanzar de forma imperiosa el "estatus" de enfermo y con ello su hospitalización.

El problema es que estas personas no tienen nada físico, y que a veces el tratamiento que se le pone para "curarle" le enferma, ya que las medicinas "no combaten nada".

Las reiteradas consultas en los ambulatorios y centros de salud, pueden provocar las sospechas del personal sanitario, sobre que se encuentran ante un paciente con Síndrome de Münchausen, que cuando es "descubierto" y enfrentado a "su mentira", "huye" literalmente de aquel sitio y acude a otro centro de salud, donde empieza el mismo proceso de consulta repetidas.

Dentro de este síndrome existe un subtipo denominado Síndrome de Münchausen por poderes, por el cual el paciente utiliza a otra persona, normalmente un familiar cercano (un hijo o hija), para "mantenerle enfermo" y con ello que reciba la atención médica necesaria, mientras que el paciente con Síndrome de Münchausen (generalmente la madre) satisface así su "necesidad de sentirse enfermo", pero esta vez a través de otro, pero ¿Cuál es el origen de esta patología tan peculiar?

Un informe presentado conjuntamente por el Instituto Pediátrico, Universidad Católica Sagrado Corazón y el Servicio Pediátrico, Universidad Campus Bio-Médico (Italia) cuyos resultados han sido publicados en la revista científica Journal of Psychological Abnormalities in Children, explora esta cuestión en una de sus pacientes.

En este caso no se trata de una investigación, sino de un informe de caso único, donde se describe el proceso que ha llevado a una menor de 8 años de edad a convertirse en un paciente con Síndrome de Münchausen.
La pequeña ingresó en un servicio pediátrico aquejada de una debilidad simétrica progresiva con deterioro en el caminar, pero no existía antecedente en la historia clínica de la menor que lo pudiese explicar.
Después de muchas pruebas motoras y radiológicas no se encontró nada que explicase los síntomas de los que se quejaba.
Unas sesiones en psicoterapia mostraron mejorías "sorprendentes" en la pequeña que se llegó a recuperar del todo. Aspecto que la madre de la pequeña rechazó por completo y se la "llevó" del centro sanitario donde era atendida.
En los 2 años siguientes, se realizó el seguimiento de los ingresos hospitalarios de la menor y se observó cómo acudía a otros centros con el mismo problema de salud, y después de un tiempo sin "encontrar solución", se retiraba e iniciaba con un nuevo trastorno, en este caso un padecimiento de ceguera, además de haber recibido mientras tanto numerosos ingresos por dolor abdominal recurrente y cefaleas.
El estudio concluye sobre la necesidad de una información "fluida" entre centros médicos que permitan detectar a estos pacientes, ya que en ocasiones se someten a pruebas y tratamientos innecesarios, y que incluso pueden poner en riesgo su salud.
Los autores informan de que puede haberse dado una "transferencia" de un Síndrome de Münchausen a un Síndrome de Münchausen por poderes por parte de la madre, pero la "huida" de esta antes de poder realizar las pruebas psicológicas al respecto, impide poder concluir sobre ello.
El estudio a pesar de ser de caso único, informa de una realidad a tener en cuenta, quizás en uno de los casos más difíciles de diagnosticar, y por supuesto de tratar, ya que el paciente que sufre el Síndrome de Münchausen o el Síndrome de Münchausen por poderes, como en este caso, no sólo no colabora, si no que "huye" literalmente de la consulta.

Las confabulaciones
Este tipo de mentiras no buscan tanto engañar a la otra persona como "disimular" las lagunas de memoria propia, ya que es incapaz de saber lo que sucedió en una determinada fecha o lugar, pero no quiere dejar al descubierto su "olvido" por lo que inventa una respuesta no siempre muy bien elaborada, pero que le sirve para "salir del paso".

Tal y como se comentó en el apartado anterior, se pueden observar estas confabulaciones en personas mayores, ya sea por su edad avanzada o por alguna enfermedad neurodegenerativa como el Alzheimer.

Igualmente son corrientes en personas que sufren las consecuencias de un consumo prolongado de alcohol, como en el caso del síndrome de Korsakoff.

Es relativamente fácil descubrir cuando una persona está confabulando, ya que estas "mentiras" no son muy elaboradas, se usa la misma para rellenar varias lagunas de memoria, ya que si sirvió una vez...

Igualmente, las "mentiras" van cambiado, así una laguna de memoria puede ser "rellena" hoy con una "mentira" y pasado una semana, "rellenarla" con otra diferente, ya que la intencionalidad de la persona que la dice no es tanto mantener la "mentira" en el tiempo, como "rellenar" esos espacios vacíos en su vida, para darla cierta coherencia de continuidad.

El trastorno límite de personalidad
En donde la principal sintomatología no va a ser la mentira, si no las "limitaciones" de las capacidades cognitivas expresadas por el paciente.

La mentira, en este tipo de personas, se va a expresar con una personalidad "débil", con constantes dudas respecto a su identidad, y con falta de control de los impulsos.

A parte de las quejas somáticas, el paciente se presenta con todo un elenco de características de personalidad e impulsividad que permiten establecer un diagnóstico diferencial al respecto.

Así incluso el contenido de la mentira es diferente, siendo las historias inventadas menos elaboradas y complicadas que las que puede contar el mitómano.

El Trastorno Bipolar
Este trastorno se define como aquel en donde se da una situación de episodios maníacos, a veces seguidos o no, de episodios depresivos.
En los episodios maniacos se produce una alteración del humor, con una elevación del mismo, llegando hasta la euforia, un estado mental "claro y despejado", cierto nivel de hiperactividad tanto física como mental...
Entre esta sobreactuación de la persona se encuentra el de fantasear, tener ideas grandilocuentes, grandes proyectos, que salvarán el mundo, cambiará la forma de hacer las cosas, o simplemente le permitirán ser millonario en poco tiempo.
En sentido estricto, no se trata de un mitómano, sino de una consecuencia de un trastorno del estado de ánimo que hace que su cerebro, y sobre todo su visión de sí mismo y de los demás, esté distorsionada.
La persona no trata de engañar a los demás, para conseguir algo de los otros, sino que está incurso en un proceso de euforia interna que se expresa en una alteración del sentido de la realidad, de las posibilidades y de las limitaciones propias y de sus pensamientos.
Aunque a los dos, puede que les surjan ideas y proyectos que los demás no llegan a comprender o compartir, la diferencia, es que la persona que sufre un trastorno bipolar lo hace en sentido estricto porque "ahora lo ve claro", mientras que el mitómano es algo que se ha ido construyendo poco a poco, mentira a mentira, hasta llegar a una gran mentira en la que vive.
El paciente bipolar, además, va a ser cambiante en cuanto a la temática de su mentira, es decir de episodio en episodio, va a ir cambiando.
En cambio, el mitómano, va perfeccionando su mentira, haciéndola más rica en detalles, ya que la persona se regocija dentro de esa realidad inventada.

La persona que sufre trastorno bipolar, va a tener momentos en que no sufre esos episodios, en donde se da cuenta y reconoce lo absurdo de sus ideas y proyectos, y que estos han sido fomentados y alimentados por su trastorno.

En cambio, el mitómano, nunca llega a darse cuenta y ser consecuente, de que todo lo que está viviendo lo hace con una óptica distorsionada de autoengaño, y que esa mentira ha ido poco a poco abarcando todos los aspectos de su vida.

En el caso del trastorno bipolar, los síntomas de ideaciones grandilocuentes, van a cesar en cuando la persona se regula con la medicación adecuada.

En cambio, el mitómano, en caso de que se le receten medicamentos, estos no van a ser suficientes para frenar sus mentiras, ya que va a requerir además de un largo proceso de trabajo con el psicólogo o psiquiatra, con el que tratar sus pensamientos e ideas, para ir desenmarañando las mentiras, e ir poco a poco viendo la realidad de las circunstancias que tiene a su alrededor.

Realidad de la que en muchos casos huye, ya sea porque esta le resulta aburrida, insulsa, y sin nada destacable; o bien que las circunstancias que vive sean tan insoportables, que prefiera seguir viviendo en una mentira, en la que refugiarse de aquello que le atormenta y que no puede soportar.

La persona que está sufriendo un episodio maníaco, tiene pensamientos no ajustados a la realidad, de éxito personal, o en sobreestimar sus propias capacidades o posibilidades. Pero en esos momentos la persona lo está creyendo como si fueran verdad, sin ninguna intención de conseguir engañar a otros.

Tal es así, que cuando la persona se recupera, en una fase estable, es capaz de reconocer que aquellos grandes planes no estaban fundamentados en ninguna realidad, sino más bien en un sentimiento de que podía conseguir cualquier cosa en ese momento y sin esfuerzo.

El trastorno de la personalidad antisocial
Donde la mentira reiterada juega un papel importante como parte de un comportamiento evidentemente antisocial, ya que este tipo de personas dejan de cumplir las normas sociales.
A diferencia del mitómano, el paciente con este trastorno tiene una autoestima distorsionada, una escasa empatía con los demás y una falta de remordimiento de sus actos.
Es relativamente fácil establecer este diagnóstico diferencial, debido a que la persona que sufre este trastorno antisocial va a mostrar multitud de conductas que le "delatan", en las cuales deja evidente su falta de respeto a la autoridad y a las normas sociales, y entre ellas, la de no mentir.
Por tanto, no se trata tanto de un fin, usando la mentira para conseguir algo, sino de una forma más de estar en contra de la sociedad que le ha tocado vivir.

El Síndrome de Ganser
En este síndrome las mentiras existen, pero estas son tan "raras" que difícilmente van a cumplir su función de engañar al otro. Ya que la persona ofrece respuestas evidentemente erróneas, llamativas y muchas veces sin sentido.
Aquí la mentira como tal no existe, pues las respuestas no consiguen ningún efecto de engaño en el otro, lo que hay es una respuesta inadecuada, exagerada, distorsionada, y en todos los casos poco creíble.
Es fácil que a estas personas se las pueda confundir como enfermos de otras psicopatologías, pero al no mostrar otros síntomas, como los psicóticos, se deben de descartar los diagnósticos alternativos.

Una vez comprobada la presencia de los síntomas descritos, cuyo principal es la mentira repetitiva, y descartado los síndromes y trastornos anteriores donde se produce la presencia de la mentira, pero por otros motivos, el especialista puede establecer el diagnóstico de Mitomanía, con lo que iniciar el tratamiento oportuno para buscar la "curación" del paciente.

¿Qué hacer ante un novio mitómano?

Una vez conocido lo que significa ser un mentiroso compulsivo, hay que atender a cómo va a afectar a las relaciones sociales, especialmente en la pareja.

Si bien la familia ha aprendido durante años a saber que es una persona de la que no se puede fiar, y que "su palabra" no sirve más que para él/ella misma.

Esto es algo que ha de aprender aquella persona que quiera compartir la vida con el mitómano. Hay que tener en cuenta que estos pueden resultar tremendamente atractivos sobre todo en sus discursos.

Es decir, en vez de ser otro "aburrido" más, esta persona parece tener una vida fuera de lo común, con importantes pretensiones, pero sobre todo con muchos secretos que poco a poco va ir desgranando a la nueva pareja.

No es que con anterioridad tuviese ese lado oculto y misterioso, sino que va improvisando sobre la marcha, en función de que ve si "encandila" o no a su interlocutor.

Pero el problema de las mentiras, sobre todo de las improvisadas, es que no se sostienen en el tiempo, es decir, si se está un tiempo cerca de una persona que sufre mitomanía, se le llega a conocer los suficientemente bien para saber que se producen pequeñas contradicciones en las historias que comenta, que siempre va posponiendo "las pruebas" o que nunca llega eso de lo que tanto está siempre presumiendo.

Una vida secreta, un pasado inconfesable, e incluso una doble vida, son muchos de los recursos de estas personas, que utilizan para llevar un falso control de la situación.

Pues, en definitiva, eso es lo que va buscando este tipo de personas, controlar lo que piensan y sienten los demás, para así asegurarse que hagan lo que el mitómano quiere.

En el grado más pequeño, se trata únicamente de escapar de alguna obligación o de conseguir que otros hagan lo que a uno le correspondería, es lo que normalmente se conoce como una persona manipuladora, y para ello puede emplear multitud de recursos.

En un grado extremo, estaría esa persona que parece que vive en su mundo, a quien siempre le están sucediendo anécdotas dignas de contar, y que únicamente aquellos que no le conocen le creen. Pero el mitómano está tan imbuido en su mentira, que se la puede llegar a creer ella misma, llevando así una doble vida.

Sin olvidar los aspectos emocionales que unen a dos personas que quieren convivir, mantener una relación duradera con pareja en estas circunstancias es muy difícil, sobre todo si la pareja no es consciente sobre que se trata de una enfermedad que se ha de recibir tratamiento especializado para superarlo.

Enfermedad, porque se debe a un círculo vicioso donde cae la persona, tal y como sucede con otras adicciones y por qué se puede tratar y conseguir curar, pero lo más difícil es que sea el enfermo quien acepte su situación, ya que esas mentiras le dan cierto sentido a su vida, e incluso mantiene falsamente la autoestima alta, al creerse más importante de lo que es, por llevar una vida diferente a la del resto.

Así, un cajero des supermercado, puede pensar que está participando de una gran compañía y que en cualquier momento se va a presentar el dueño de la empresa para estrecharle la mano y decirle que su trabajo es imprescindible, y todo porque ha visto el programa "El jefe" donde les ha sucedido esto a otros.

Tal y como se muestra en el ejemplo anterior, no se trata en muchas ocasiones de mentiras muy rebuscadas, sino de atribuirse a sí mismo circunstancias y vivencias que no le corresponden a su persona.

Hay que tener en cuenta que mantener una relación con este tipo de pareja es de lo más difícil, pues si bien es cierto que al principio todo suena muy bien. Las escusas pronto llegan, las contradicciones, e incluso los cambios de humor, cuando son evidenciados y puestos frente a la verdad... "No me dijiste ayer que...", "No habíamos quedado que..."

La persona que se ve descubierta, suele tratar de justificarse con una nueva mentira, o sintiéndose ofendida soltando frases como, "¿Es que no me crees?", o, "Una relación se basa en la confianza, tendrías que fiarte más de mí…"

Todo excepto aceptar que se tiene un problema, probablemente desde hace años y de donde no sabe cómo salir.

La nueva pareja, en apenas unas semanas o meses desde que empezó la relación, se ha de hacer "la gran pregunta", ¿Le dejo?, ya que tiene la certeza de que aquel con quien sale no es de fiar, pues así se lo ha ido demostrando día a día.

Si la persona quiere construir una relación basada en la confianza mutua y en la verdad, esta no va a ser su pareja ideal. En cambio, si la persona va buscando lo que está ofrece, una vida diferente, llena de "fantasías", donde siempre se ven grandes posibilidades, aunque no lleguen, entonces la convivencia puede continuar.

Las parejas que permanecen a largo plazo, por supuesto no están sustentadas en la verdad, sino en otros "beneficios" que pueda ofrecer el mitómano, como estabilidad económica, seguridad emocional, o simplemente "una vida diferente".

Pero nunca llegarán a tener un nivel de confianza entre ambos, uno por que dice tantas mentiras que no sabe cuál es la verdad, y la otra persona, porque sabe que es mitómano, y que no va a cambiar.

El caso más extremo de la convivencia con la mentira es el trastorno psicótico compartido, donde dos o más personas, aisladas del mundo exterior, van creyéndose las mentiras que uno de ellos dice.

Así, en una cabaña del campo, pueden ambos llegar a creer que fuera ha habido una guerra nuclear y que son los únicos supervivientes, o cualquier otra fantasía que al mitómano se le ocurra.

La otra persona, con la que convive, al no tener, elemento de comparación para comprobar si la historia que escucha es real o no, al final acaba asumiéndolo como verdad, ya que es la única información que recibe del exterior.

En este caso, el mitómano, consigue que la otra persona viva en su mentira, en un mundo compartido, que va modelando y cambiando según van surgiendo las circunstancias.

¿Qué hacer con una pareja mitómana?
Uno de los grandes problemas de la mentira es que envenena toda convivencia, ya que mina cualquier confianza que se pueda tener hacia la persona, ya provenga de un familiar o amigo, incluso de la pareja.
El no saber qué es verdad y qué no, hace que se llegue a dudar sobre todo lo que ha dicho en cualquier momento anterior, incluso "te amo", si se trata de su pareja.
Ya no se trata de tener sospechas de infidelidad, sino de saber que diga lo que diga, no le va a poder creer, aunque no sea importante.
Lo que genera en la persona con la que convive un sentimiento de indefensión, y desconfianza, el primero por no saber qué hacer por que cambie, a pesar de las muchas oportunidades otorgadas; el segundo, porque en realidad, no sabe quién es la persona que tiene delante, y lo más importante, es que se empieza a plantear si se debe o no mantener la convivencia.
Cuando se trata de un familiar, este con el tiempo se va alejando, o simplemente no escuchándolo, ni haciendo caso.
En el caso de la pareja, tras mucho tratar de cambiarlo, acaba por abandonarlo, pero ¿Qué pasa cuando se tienen hijos?
Por una parte, la pareja no quiere separarse por ellos, pero saben que al final el mitómano puede convertirse en un "mal ejemplo", y que lo que puedan aprender no va a ser precisamente lo que les convierta en una persona de provecho en el futuro.
Además, como no sabe por qué se produce, desconoce si es "contagioso" y por tanto teme que sus hijos en común puedan acabar también siendo mentirosos compulsivos.
Algo que nadie querría para sus hijos, debido al sufrimiento que origina en todos los que le rodean.

Así pues, lo más común es encontrar "escusas" para la separación, máxime cuando empiezan a darse los primeros casos de "mentiras descaradas" en los hijos menores, signo innegable de que hay que empezar a tomar medidas.

CAPÍTULO 4. TRATAMIENTO DE LA MITOMANÍA

Antes de abordar este capítulo sobre el tratamiento de la Mitomanía quisiera compartir una reflexión. No todos mis colegas, profesionales de la salud mental, consideran que sea posible el tratamiento del mitómano, ya que el paciente ha construido alrededor de ello su realidad, incorporando la mentira a su personalidad.

Es cierto que va a ser muy difícil que venga un paciente a consulta pidiendo solucionar su problema como mentiroso patológico; y hay que reconocer que se trata de un gran desafío terapéutico, poder conseguir cambiar la personalidad del individuo para que abandone esa adicción comportamental.

A pesar de todo lo anterior, no se puede tirar la toalla antes de tiempo. Como profesionales de la psicología debemos tratar de ofrecer nuestro mejor esfuerzo para con el paciente; y en último caso, si no nos vemos preparados o con fuerzas para tratar esta problemática, derivarlo a otro profesional especializado en esta materia.

Hay que reconocer que algunos colegas, cuando hablan de su experiencia terapéutica con mitómanos, no hacen desde una amarga experiencia, llena de frustraciones y escasos éxitos.

La primera dificultad que surge para poder llevar a cabo el tratamiento de la mitomanía o impulso a mentir compulsivamente es que el paciente es reacio a pedir ayuda profesional para solucionar su problema, e inventará cualquier excusa para ir demorando acudir a la consulta; ya que uno de sus miedos es precisamente ser descubierto, y que conozcan de su proceder, debido a sus ideaciones paranoicas.

Es por ello que las primeras consultas al profesional, suelen realizarse sin el paciente, por parte de los familiares, para conseguir orientación sobre cómo actuar con el mitómano.

Siendo la mayor preocupación de los padres, cuando ven que su pequeño se dedica a mentir, una y otra vez, un comportamiento que poco a poco se va convirtiendo en habitual.

Para los padres un indicador de que todo va bien es precisamente el buen ambiente familiar que se mantiene, si éste se enrarece o se estropea se debe de intervenir.

Una de las consultas más recurrentes de los padres al orientador de la escuela, o incluso al psicólogo es cuando tiene un hijo pequeño o en edad adolescente y éste empieza a mentir tanto que sea hace difícil la convivencia.

Los padres en ocasiones han ido permitiendo las pequeñas mentiras sin prestarle la atención oportuna, ni corregirlo, e incluso viendo cómo el pequeño, miente a otros sin mayores consecuencias, todo ello lo han asumido de forma callada, esperando que con el tiempo el pequeño recapacite y mejore su comportamiento.

Pero lejos de mejorar, cuando un pequeño ha optado por un comportamiento disruptivo, como es la mentira repetitiva, este se va convirtiendo en una parte del menor, identificándose como tal.

Este comportamiento desadaptativos no sólo va a afectar a la relación con sus padres, sino también con el resto de sus compañeros de clase y por supuesto, se va a ver reflejado en una caída drástica del rendimiento académico, entre otros motivos por las continuas ausencias a clases e incluso por el abandono escolar, todo ello "justificado" por el menor con una u otra historia, cada vez más "creíble".

Esto va a ser fuente de estrés dentro de la unidad familiar, que, si bien es difícil criar un hijo adolescente, debido a sus cambios de humor provocados por la "tormenta hormonal" que sufre, propia de su edad de desarrollo, ahora además se deben de enfrentar a un problema añadido, pero ¿Hay solución ante estos comportamientos inadecuados y desadaptativos de los jóvenes?

Esto la esta cuestión a la que se trata de dar respuesta conjuntamente desde el Departamento de Cuidado y Salud Infantil, División of Innovación de la Salud y Enfermería, Facultad de Medicina, y el Departamento de Pediatría del Desarrollo Comportamental, Instituto de Ciencias de la Discapacidad, Facultad de Ciencias de la Comprensión Humana, Universidad de Tsukuba, junto con el Departamento de Enfermería, Universidad International Tsukuba y el Departamento de Pediatría, Hospital Infantil de Discapacitados Ibaraki (Japón) cuyos resultados han sido publicados en la revista científica Journal of Psychological Abnormalities in Children.

Para ello los autores del estudio pusieron a prueba una técnica que surgió a finales de los años 90 y que se ha mostrado muy eficaz en otro tipo de intervenciones con jóvenes, está técnica se denomina de Triple P, y hace referencia al Programa Parental Positivo.

Con la intervención de la Triple P se modifica la forma de interacción de la familia, cambiándola por otra basada en los principios del aprendizaje social, en donde se modifican las capacidades y conocimientos de los padres con el objetivo de reducir los problemas emocionales y de comportamiento de los más jóvenes.

El estudio se realizó con cincuenta y cuatro participantes con hijos entre 2 a 12 años que mostraban problemas de comportamiento, y que había sido objeto de consulta en el hospital.

Las madres de estos pequeños fueron entrenadas con la Triple P, siguiendo las cinco fases de la técnica.

Se realizaron seis medidas, sobre el comportamiento del pequeño, sobre el estilo parental, los niveles de estrés-depresión de la familia, el nivel de conflictividad familiar, la satisfacción y los datos demográficos, todas estas se llevaron a cabo en tres momentos diferentes, una previa a la intervención, otra, a los tres, y la última, a los 6 meses, para evaluar la estabilidad en el tiempo de los efectos del tratamiento.

Los resultados muestran una mejora significativa en el ámbito emocional y en el comportamiento de los pequeños, lo que se ha traducido en una reducción del nivel de estrés-depresión percibido en la familia debido a una reducción de la conflictividad familiar.

Pero lo más importante del estudio es que estos resultados positivos se mantienen incluso pasado 6 meses de la intervención, por lo que se pueden considerar cambios estables en el tiempo.

Entre las limitaciones del estudio está el bajo número de participantes, así como la ausencia de un grupo control de comparación. Igualmente, el haber realizado la intervención Triple P exclusivamente en madres, no permite extrapolar los resultados a todos los casos, ni siquiera a las familias monoparentales.

A pesar de lo anterior, queda evidente que la problemática de los pequeños y adolescentes deben de ser contemplados y tratados desde el propio núcleo familiar con el entrenamiento y la supervisión de un especialista que garantice el éxito del tratamiento.

Pero si son los padres los que traen a consulta al menor, al haber observado sus repetidas mentiras, cuando este es adulto, es difícil que alguien le convenza para acudir a ver a un especialista, por su mitomanía.

No se trata tanto de que exista una edad hasta la cual el tratamiento para corregir los problemas asociados a la mentira patológica pueda funcionar, pero sí es cierto que cuanto antes se inicie este tratamiento las posibilidades de éxito son mayores, por dos motivos, primeramente, cuanto más joven el paciente, más se deja ayudar, confiando en las habilidades y capacidades del especialista; y segundo, a medida que la persona va teniendo más experiencia con la mentira, y sus "beneficios" se va modificación su personalidad, convirtiéndose en un hábito, un modo de comportarse propio, en donde además, va poco a poco creyéndose sus propias mentiras, entrando en un mundo de irrealidad, alejado del día a día de los demás que le conocen, lo que origina que se vaya aislando de los seres queridos, familiares y amigos, quedándose únicamente con personas "conocidas" que le admiren por esas mentiras, que cada vez son más elaboradas y rebuscadas.

Si por fin acude a consulta, hay que asegurarse de que el mitómano está dispuesto a trabajar por su recuperación y no sólo que está "por cumplir" con la familia o pareja, pues en este segundo caso toda intervención será inútil.

Una vez conseguido el compromiso del mitómano por mejorar se podrá aplicar alguna de las siguientes técnicas orientadas a ofrecer herramientas con las que evitar emplear la mentira como respuesta más habitual.

A continuación, transcribo parte de la entrevista realizada a D. Bernardo Ruiz Victoria, director del programa del programa Victoria, quien nos introduce al difícil mundo del tratamiento de adicciones:

- ¿A partir de qué edad se puede diagnosticar con adicción?

En mi experiencia he encontrado casos de adicción al alcohol, y a otras substancias, a partir de los 15 años, aunque siempre hay que evaluar los casos individualmente para sacar conclusiones.

- ¿Qué consecuencias tienen las adicciones?
La principal consecuencia de la adicción, independientemente de la substancia de que se trate, es la progresiva pérdida de libertad del sujeto. La persona adicta va viendo como cada vez le cuesta más trabajo controlar su propia conducta, lo cual le produce sentimientos contradictorios, de culpabilidad, de impotencia, etc. Una lucha interior que es una constante fuente de ansiedad y de sufrimiento.
Otras consecuencias son el progresivo deterioro de la vida familiar, del rendimiento laboral, aislamiento social, trastornos de ansiedad o depresión, conducta violenta, etc.
En resumen, la adicción daña de una forma progresiva la salud, el bienestar interior, la vida social y familiar, el rendimiento laboral y, en definitiva, hace a la persona que la padece y a quienes le rodean, profundamente infelices.

- ¿Cuáles son las principales dificultades para dejar las adicciones?
La mayor dificultad está en reconocerse a uno mismo como víctima de la adicción.
El proceso adictivo se basa en dos pilares fundamentales: la mentira y la soberbia.
La mentira comienza en el momento en el que el sujeto adicto atribuye sus problemas a otras causas. La persona tiende a pensar que no es el alcohol lo que está dañando su vida, sino que las cosas le van mal por cualquier otro motivo.

La persona se deja engañar por los mensajes ambiguos y equívocos que se pueden encontrar en medios de comunicación o en la sociedad en general, por ejemplo, que beber alcohol moderadamente es bueno para la salud. De ahí se saca la errónea conclusión de que uno bebe siempre moderadamente - "yo bebo como todo el mundo, lo normal" - y cuesta mucho reconocerse como bebedor abusivo, y mucho menos como adicto.

Otra mentira, o más bien autoengaño, es la de afirmarse a sí mismo o a otras cosas como "yo lo puedo dejar cuando quiera", "yo no soy alcohólico" o "yo lo controlo". Dado que uno siempre conoce a personas que, aparentemente, beben o consumen más cantidad, o sufren peores efectos y consecuencias, el autoengaño conduce a la autojustificación - "yo no soy como Fulano" - y por lo tanto puedo seguir bebiendo, o consumiendo drogas porque "yo se controlarme". Y suma y sigue.

También la mentira llega un momento en que lleva al sujeto a intentar engañar a los demás fingiendo que bebe, o consume, menos de lo que en realidad hace. Puede directamente negarlo cuando se le pregunta, o bien minimizarlo diciendo, por ejemplo - "solo he tomado una" - o alegar que se encuentra perfectamente, que cumple en su trabajo, o recurrir a cualquier otra justificación.

Otras veces el sujeto "pasa a la clandestinidad", es decir, empieza a beber o consumir a escondidas, a solas, o en lugares diferentes a los que frecuenta en su vida social "normal", con la vana pretensión de que de esa manera logrará engañar a las personas que le conocen y que, probablemente, ya han empezado a preocuparse por él y tal vez a recriminarle su comportamiento.

Todos estos comportamientos, consecuencia de la mentira y el autoengaño, tienen como resultado que la persona sigue empeorando en su adicción.

En cuanto a la soberbia, se manifiesta en los pensamientos que tiene el sujeto adicto en relación a su capacidad de controlar o superar su adicción sin ayuda de nadie.

Cuando se hace evidente que el problema existe, frente a la familia, por ejemplo, la persona adicta tiende a creer, y a proclamar, que solo es una cuestión de fuerza de voluntad y determinación personal, y que, si se lo propone, dejará de beber, o de consumir drogas, por sí mismo. De ahí vienen las promesas, que, al no ser capaz de mantener en la práctica, conducen de nuevo a la mentira y al autoengaño. Y vuelta a empezar.

Tanto la mentira, como la soberbia, dificultan mucho que el paciente de los pasos que resultan fundamentales para superar el problema:

1.- Reconocer que existe una adicción

2.- Aceptar que es necesaria una terapia para superarla

Una vez comprendida la dificultad del tratamiento, y contando con el compromiso del mitómano, el especialista va a diseñar un plan de intervención basado en estas técnicas:

- Terapias cognitivas: Orientadas a que el paciente detecte los pensamientos que le conducen a alterar la realidad; estos pensamientos pueden ser del tipo: "no valgo lo suficiente", "así no me van a querer", "¿Qué he hecho yo destacable en mi vida?".

Estos pensamientos están en línea con su baja autoestima, debido a que utiliza modelos de comparación muy por encima de sus posibilidades.

Para ello hay que trabajar en reforzar sus niveles de autoestima, incidiendo sobre lo que sí ha conseguido en su vida, todos esos pequeños logros alcanzados y darles un adecuado valor.

También se trabajará para que sus modelos de éxito sean más realistas y cercanos y no tan idealizados, con el fin de que el sentimiento que le genere sea de ganas de esforzarse por llegar a ello y no tanto de inferioridad.

Ahondando en ésta técnica se reforzarán los pensamientos positivos, haciendo que el paciente se repita mentalmente, cuando esté en una situación social, frases como "yo valgo tanto como los demás", "si me quieren será por lo que soy", "puedo mejorar, pero ahora estoy bien".

- Técnicas de comunicación: Son una de las primeras y más urgentes intervenciones para proporcionar al paciente las herramientas apropiadas para desarrollar unas habilidades sociales mermadas.
A través de estas técnicas se busca establecer una comunicación eficaz con la que el mitómano exprese sus deseos y necesidades, además de aceptar lo que piense la otra persona como es, sin necesidad de buscar su conformidad.
Igualmente, se le enseñará a asumir la negativa y el rechazo sin que lo considere un ataque ni una ofensa contra su persona, salvaguardando de esta forma su autoestima.

- Técnicas de Modificación de Conducta: Orientadas a que la persona conozca en qué circunstancias se produce la mentira, identifique los signos y establezca mecanismos para solventar la situación sin necesidad de mentir, por ejemplo, retirándose del lugar, o cambiando de tema. Reforzando aquellas conductas que traten de reducir los niveles de ansiedad en la interacción y de evitar la mentira.

- Psicofármacos: Aunque todavía no está muy extendido el uso para estos casos, es posible que el mitómano requiera ser medicado bajo prescripción facultativa para tratar síntomas de otros trastornos que se puedan estar presentando a la vez.

Todas estas herramientas terapéuticas se emplean ajustando a los avances y mejoras del paciente, buscando aumentar su autoestima, a la vez que se le entrena en habilidades sociales para comunicarse sin necesidad de mentir, a la vez que se le "sanciona" por cada mentira que dice en consulta.
Igualmente, que sucede con otras adicciones, la familia más próxima va a ser imprescindible para el tratamiento de esta psicopatología, primeramente, porque deben de estar con esta persona el mayor tiempo posible, y evitar que esta mienta; y esto segundo, únicamente se puede hacer si es alguien a quien conoces bien, como a un familiar.

A pesar de todo lo anterior, vuelvo a rescatar lo indicado al principio de este punto, hay muchos compañeros, que debido a su propia experiencia de frustración ante la imposibilidad de tratar de forma efectiva a este tipo de paciente, consideran que son "incurables", no porque las técnicas no tengan efecto y no sean efectivas, sino porque no se consigue un verdadero compromiso por parte del mitómano para abandonar sus malos hábitos de mentir, "recayendo" cuando le surge la primera oportunidad en que no está supervisado.

CAPÍTULO 5. CONSEJOS PARA PREVENIR LA MITOMANÍA

Pero antes de llegar al tratamiento de la adicción a mentir, sería conveniente poder tener mecanismos para prevenirlo y para ello es importante conocer por qué se produce esta.

Si bien se ha observado que la conducta de mentir puede aparecer a una edad muy temprana, la adicción como tal es algo que se va construyendo con la experiencia, esto es, con mentir, y ver que no hay consecuencias negativas, sino todo lo contrario, "haciendo gracia" o despertando la admiración de los demás.

Los padres son los primeros que deben de percatarse si se produce algún comportamiento en este sentido, ver cómo al pequeño le empieza a ser más fácil mentir que asumir sus responsabilidades o para evitar algún castigo, o incluso que empieza a mentir en una situación que no "gana ni pierde" nada.

La mentira es algo que se aprende por experiencia, pero también por observación, y también en este caso, la familia es el primer núcleo social donde el pequeño aprende a comportarse, si el pequeño ve verdades a medias, mentiras, u ocultamiento de la verdad en los adultos, este va a aprender a que aquello no tiene que ser tan malo, si lo hacen "los mayores.

Por tanto, el papel de los padres es doble, el primero, de dar "buen ejemplo" con respecto a no mentir delante de los pequeños, y el segundo, en ser los primeros que deben de darse cuenta cuando el pequeño miente, para llevarle a un especialista y que diagnostique su caso, y si efectivamente está empezando a tener un problema, que ponga remedio antes de que se convierta en una adicción a mentir.

A pesar de lo anterior, uno de los problemas de la conducta adictiva es descubrir a qué se debe, y por qué afecta a unas personas y no a otras.

Aquellas personas que sufren adicción suelen tener baja tolerancia a la frustración y quieren lograr rápidamente la recompensa por aquello que hacen. Es decir, tienen escasa persistencia en las tareas que realizan, sobre todo si estas conllevan un esfuerzo o tiempo continuado.

Estas actitudes se han observado tanto en la mitomanía, como en otras adicciones, donde la persona trata de "saciar" su dependencia, realizando aquello que considera placentero siempre que puede.

De ahí la gravedad de la adicción, no sólo por el consumo de una sustancia más o menos tóxica para el organismo, o de llevar a cabo una acción repetida, sino porque estas conllevan unas consecuencias personales, económicas y sociales por su repetición.

Es decir, el hecho puntual de mentir ocasionalmente, puede que no tenga mayores consecuencias, pero si se vuelve a mentir una y otra vez, se puede afirmar que la persona está enfrentándose a una adicción.

Mucho se ha tratado de analizar sobre las características personales de los que sufren una adicción, para poder prevenirlo. Ya que, si existiese un perfil definido entre las personas que luego serán mitómanas, se podrían implementar planes que buscasen reforzar las habilidades sociales y personales para no involucrarse en estas conductas adictivas.

Pero a pesar de los avances en cuanto a tratamiento, poco se ha averiguado a la hora de la prevención. pero ¿Qué mecanismos están involucrados en la conducta adictiva?

Esto es precisamente lo que tratan de averiguar desde el Cyclotron Research Centre y el Departamento de Neurología, C.H.U. Sart-Tilman, Universidad de Liege (Bélgica) conjuntamente con el Departamento de Neurociencia y el Centro Suizo de Ciencias del Afecto, Universidad de Geneva (Suiza) cuyos resultados han sido publicados en la revista científica Plos ONE.

Los autores de este estudio se han centrado en una única característica, la persistencia, definida como la habilidad de mantener la motivación interna en ausencia de recompensa externa inmediata.

En el estudio participaron treinta y cinco personas, con una edad media de 22 años de los cuales veinte eran mujeres, siendo excluidos dos de ellos durante la prueba.

Entre las características que debían de tener para poder participar en el estudio estaban las de no sufrir depresión, evaluado mediante Beck Depression Inventory, ansiedad, evaluado mediante Beck Anxiety Inventory, y tener unos niveles de alexitimia normales, evaluados mediante Bermond-Vorst Alexithymia Questionnaire.

Ya que se ha observado que la presencia de cualquiera de estos tres factores va a variar en sobremanera los resultados en las pruebas de persistencia tal y como lo reflejan estudios anteriores.

Los participantes se separaron en dos grupos según su mayor o menor nivel de tolerancia a la frustración.

A todos se les registró la actividad cerebral mediante resonancia magnética mientras realizaban una tarea en la que debían ver una serie de imágenes en la pantalla del ordenador e indicar cuán intenso era la emoción que le generaba.

Los resultados indicaron una actividad cerebral diferente en función de los estímulos presentados, según fueran positivos, negativos o neutros al compararlos entre participantes con baja persistencia frente a los de alta persistencia.

Así, los de baja persistencia, que tienen un patrón más próximo al esperable por una persona vulnerable a las adicciones, muestran una menor actividad en las amígdalas y el hipocampo a la hora de percibir los estímulos positivos y neutros. Y unas diferencias significativas en las amígdalas, y la corteza izquierda orbitofrontal a la hora de analizar los estímulos negativos.

Esto quiere decir, que las personas con baja persistencia, ven y sienten de forma diferente a los que tienen alta persistencia. Según los autores del estudio, esto puede estar en el origen de las adicciones, en esta percepción diferencial de la realidad.

A pesar de los resultados, una de las limitaciones importantes del estudio es precisamente el haber seleccionado una única variable como responsable de la conducta que puede explicar las adicciones, siendo este un factor destacado, pero no el único a tener en cuenta.

Es por ello que se requiere de nueva investigación al respecto para poder comprender en su conjunto otras variables implicadas y con ello tratar de comprender el fenómeno de la adicción para poder implementar programas de prevención más eficaces, que eviten en la medida de lo posible que las personas más vulnerables a la adicción caigan en ella.

Igualmente es preciso crear un grupo de personas adictas frente a otras de control con las que comparar, ya que en el estudio no se especifica si los participantes tenían alguna adicción o no, y de tenerlo en qué grado.

A la hora de prevenir este trastorno que lleva al paciente a mentir de manera compulsiva o patológica, conviene tener en cuenta los siguientes consejos:

- Es importante construir una "correcta" personalidad en las primeras etapas de la vida, enseñando al niño a distinguir entre la verdad y la mentira, y los efectos que una y otra acarrean, un ejemplo de ello lo tenemos en el cuento de "Pinocho", donde se transmite que la mentira no es la mejor consejera, y que sólo trae problemas.

- Los mitómanos suelen presentar baja autoestima, de ahí la importancia de conformarla en un ambiente estable de cariño, donde se valoren los pequeños éxitos que se van alcanzando de forma que se fortalezca la autoestima a la vez que se va conformando la persona.

- Si conoces a una persona que sospechas que pueda estar utilizando constantemente la mentira, hazle saber, primero que no es de tu agrado aquello, y segundo las consecuencias futuras que puede acarrearle el continuar con dicha actitud.

Tratar que un mitómano intente cambiar "por las buenas", no va a tener consecuencia alguna, mejor intenta que sea él quien busque ayuda profesional, comentándole todo lo que ha podido perder por su comportamiento; pero como es un adulto, al final esa persona tendrá la última palabra de solicitar ayuda o no.

- Si tienes un familiar mitómano, adicto a mentir, comunícale que lo sabes, y que actúas conforme a ello, e igualmente indícale que piensas que sería bueno que buscase ayuda para poder superarlo, pero sin querer obligarle; y sobre todo muéstrale los problemas presentes y futuros que le puede acarrear seguir mintiendo: problemas legales, de separación o divorcio de su pareja, o el alejamiento o rechazo de amigos y familiares.

CAPÍTULO 6. FUNDACIÓN UNIVERSITARIA BEHAVIOR & LAW

La mentira no es algo que afecte únicamente al ámbito de las relaciones interpersonales, tal y como se ha dejado constancia con anterioridad, si no que va mucho más allá.

Saber detectar la mentira y descubrir la verdad ha sido una ardua tarea que han tenido los cuerpos de seguridad desde sus orígenes. Su trabajo, de prevención y persecución del delito, requiere enfrentarse a personas que mienten casi de forma profesional. No se trataría tanto de mitómanos, en el sentido de que estos no tienen una intencionalidad más allá de aparentar más de lo que es.

En este caso se trata de delincuentes que quieren mentir a sabiendas, ocultando la verdad, tergiversándola y sacándola de contexto para conseguir lo que quieren, pero en esos casos ¿Qué puede hacer la policía?, ¿Cómo puede descubrir la verdad?

Para responder a esta y otras cuestiones comparto la siguiente entrevista que realizo a D. Rafael López, Director de la Fundación Universitaria Behavior & Law, quien nos habla sobre su iniciativa desde el mundo académico y de la investigación para preparar a profesionales de la salud y del ámbito de la seguridad para descubrir a los mentirosos.

- ¿Qué es la Fundación Universitaria Behavior & Law y cuál es su objetivo?

Behavior & Law es un concepto que engloba dos entidades:

- Fundación Universitaria Behavior & Law. Fundación constituida en octubre de 2013, con CIF G86851961, actualmente en proceso de inscripción en el Registro de Fundaciones. La Fundación Universitaria Behavior & Law, se constituye con el patrimonio personal y familiar del Dr. Rafael López en momentos en los que la financiación pública para la investigación es escasa. Esta escasez alcanza en mayor medida al ámbito de las Ciencias del Comportamiento y Ciencias Forenses, las cuales tradicionalmente reciben un pequeño porcentaje de la cantidad destinada a financiar la investigación. Con ello se plantea el principal motivo para la creación de la fundación: la necesidad que existe en el ámbito académico de financiación a la investigación.

- Promoción y Divulgación Científica, S.L. es una sociedad constituida en el año 2005 con un capital social de 129.000 €. Está inscrita en el Registro Mercantil de Madrid, tomo 20869, libro 0, folio 8, sección 8, hoja M-369887, con CIF B84174192. A través de ella se organiza y estructura toda la labor docente de Behavior & Law.

Behavior & Law, para lograr el objetivo de divulgar y formar con un nivel de excelencia, establece la necesaria colaboración con entidades universitarias e instituciones del ámbito forense de primera línea, a nivel nacional e internacional.

Con esta doble motivación, junto a un pequeño pero excepcional equipo, y continuando con la labor iniciada años atrás con el Club del Lenguaje no Verbal, se constituyen las entidades que forman Behavior & Law, un concepto humilde y orientado a la sociedad, y, a la vez, tremendamente operativo, ágil y orientado a la excelencia.

- ¿Cómo surge la Fundación Universitaria Behavior & Law y hacia quién va dirigida?

Buena parte de nuestro trabajo lo hacemos sin ánimo de lucro, es la consecuencia de la deuda que tenemos con la sociedad que nos acoge, y en este sentido la figura jurídica que mejor se ajusta a nuestros propósitos es una Fundación.

- ¿Qué labor de investigación se realiza por parte de la Fundación Universitaria Behavior & Law?

El principal objetivo de Behavior & Law es la promoción de la investigación científica en el ámbito de las Ciencias del Comportamiento y las Ciencias Forenses.

Para ello centramos nuestra actividad en:

• Grupos de investigación, con una visión muy práctica. Nos atraen las líneas de investigación que desembocan en resultados prácticos y los equipos multidisciplinares formados por investigadores y profesionales del ámbito forense y del comportamiento.

• Colaboración con universidades e instituciones de investigación a nivel internacional.

• Establecimiento de programa de becas para financiar líneas de investigación

1 Objetivos. Como plan estratégico para este año 2014, Behavior & Law, a través de su Fundación (entidad en fase de inscripción en el Registro de Fundaciones), prevé destinar una cifra cercana a los 20.000 € a becas de investigación, realizar el "I Congreso Científico-Divulgativo Behavior & Law" y desarrollar las líneas de investigación en colaboración con universidades de prestigio potenciando la presencia internacional de la fundación.

2 Integrantes. En nuestros grupos de investigación participan profesores de destacadas instituciones universitarias:

- Universidad Autónoma de Madrid (I.C.F.S.)
- Universidad Miguel Hernández (Crímina)
- Universidad Camilo José Cela (Departamento de Psicología)
- Universidad Estatal de San Francisco
- Universidad Autónoma de México.

A estos investigadores procedentes del mundo académico hay que unirles un excepcional grupo de profesionales que, desde el ámbito aplicado, consiguen que nuestras investigaciones tengan un marcado carácter práctico, como son los miembros de:

- Sección de Análisis de Conducta del Cuerpo Nacional de Policía
- Sección de Análisis de Comportamiento Delictivo de la Guardia Civil
- Centro Nacional de Inteligencia
- Ertzaintza
- Instituto Nacional de la Seguridad Social.

Nuestro programa de investigación para los años 2014-2015 recoge las siguientes líneas de trabajo que se reúnen en dos grupos de investigación:

- Nonverbal:
1. Ciencias del Comportamiento.
1.1. Expresión y Reconocimiento Emocional
- Forensic Research Group:
2. Ciencias Forenses.
2.1 Protocolo de análisis de comportamiento no verbal.
2.2. Detección de la mentira.

2.3. Comportamiento y Personalidad.
2.4. Violencia de género

- ¿Cuál es la labor divulgativa de la Fundación Universitaria Behavior & Law
Nos sentimos orgullosos de contribuir al desarrollo de la ciencia, pero igualmente consideramos que uno de los objetivos principales de Behavior & Law es la divulgación científica.
En la actualidad ponemos a disposición de nuestros lectores, de manera gratuita, diferentes artículos que recogen investigaciones realizadas por universidades de todo el mundo, las cuales han sido publicadas en revistas científicas. Los resumimos, traducimos a español y ponemos a disposición de los más de 300.000 lectores de nuestros blogs.
Behavior & Law ha establecido en sus líneas de actuación cuatro canales perfectamente definidos de divulgación científica:
1. Club del Lenguaje no Verbal y Club de las Ciencias Forenses. Divulgación a través de nuestros clubes. En ellos se publican periódicamente resúmenes, en español, de artículos científicos editados en revistas de alto impacto, los cuales han sido realizados por investigadores de universidades repartidas por todo el mundo.
2. Congreso Científico. Divulgación a través de nuestro Congreso Científico. En 2014 hay una cita imprescindible para estudiantes y profesionales de las Ciencias Forenses y del Comportamiento. Se celebrará el próximo 27 de junio en Madrid. Constará de presentaciones científicas y un ciclo monográfico de conferencias sobre detección de la mentira.
3. Libros y Manuales. Divulgación a través de la publicación de libros y manuales (en proyecto).
4. Revista científica. Divulgación a través de la revista científica de la Behavior & Law (en proyecto).

- ¿Qué formación se ofrece a través de la Fundación Universitaria Behavior & Law?

En Behavior & Law desarrollamos programas de Formación Universitaria que reúnen una serie de características fundamentales y comunes: están impartidos por los profesores e investigadores más importantes en lengua española; están avalados por las universidades colaboradoras; se basan en el rigor científico; utilizan herramientas e-learning que hacen accesible la formación a personas de todo el mundo. Los programas se agrupan en:

1. Programas de Posgrado. En la actualidad contamos con los programas de Máster en Comportamiento no Verbal y Experto Universitario en Comportamiento no Verbal. Ambos son títulos emitidos por la prestigiosa Universidad Camilo José Cela y dirigidos por esta institución y el Club del Lenguaje no Verbal. En este programa participan los más prestigiosos profesores procedentes de más de veinte universidades diferentes, Cuerpos de Seguridad del Estado, Judicatura y otros ámbitos profesionales que hacen que hoy sea el referente internacional en materia de comportamiento no verbal.

2. Cursos de Perfeccionamiento Universitario. Son cursos que cumplen los siguientes requisitos:

- Títulos conjuntos de Behavior & Law y una de nuestras entidades colaboradoras.

- Duración de entre uno mes y dos meses (en función del curso en concreto).

- Enfocados a un ámbito profesional o de conocimiento concreto.

- 100 % online.

- Dirigidos por personas destacadas en cada materia concreta.

- Enfocados en dos ámbitos:

• Cursos sobre Comportamiento no Verbal.

• Cursos sobre materias de las Ciencias Forenses.

3. Conferencias. Participamos habitualmente como conferenciantes en diferentes foros relacionados con el ámbito del comportamiento y forense impartidos por diferentes universidades e instituciones de diferentes países.

4. Seminarios presenciales. Durante el año solemos hacer varios cursos presenciales monográficos sobre diferentes materias dirigidos a los suscriptores de nuestros clubes y participamos en la formación de diferentes empresas, colegios profesionales, asociaciones y otros colectivos.

- ¿Cuáles son los logros alcanzados por la Fundación Universitaria Behavior & Law?
Los logros no serían tanto de la Fundación, que está en proceso de constitución a falta del oportuno registro que tenemos tramitado desde hace meses. Los logros sería mejor definirlos en la persona de Rafael, su viaje en solitario desde hace años en la exploración de estos conocimientos en España y el ámbito de los países de habla hispana, sin olvidarnos de la indiferencia y la desconfianza mostrada por las instituciones en los comienzos. Afortunadamente, esta tendencia ha cambiado y la valoración que desde distintos ámbitos se tiene de esta materia es bastante positiva en la actualidad.
- ¿Qué logros se esperan conseguir en los próximos años por la Fundación Universitaria Behavior & Law?
Necesitamos que la sociedad entienda que estos conocimientos contribuyen a una ordenación más humana de cualquier organización, y que la interactuación entre las personas es fundamental que se construya sobre una base sólida cuyo fundamento esencial sea desterrar la mentira de nuestras relaciones. Esto, por un lado, pero no debemos obviar que nuestro trabajo tiene una vertiente muy importante en el estudio de las Ciencias Forenses, que en nuestro entender es un complemento perfecto en el de las Ciencias del Comportamiento.

CONCLUSIONES

En este ebook se ha ofrecido una visión clara y accesible sobre la realidad del mentiroso compulsivo, denominado mitomanía, donde se han comentado sobre sus síntomas, causas, consecuencias y tratamiento.

Todo ello orientado a comprender por lo que está pasando esta persona, dirigido a familiares y amigos que tengan próximo a alguien con dichas características.

Hay que tener claro que es relativamente fácil detectar al mitómano, pero que es muy difícil hacerle cambiar.

Teniendo en cuenta que es una adicción a mentir, hay que plantearse la necesidad de la intervención por parte de un especialista que ayude al proceso de "desintoxicación" de la mentira, aspecto realmente difícil.

En el e-book se ha prestado especial atención a la distinción de este fenómeno de otros que conlleva también procesos de engaño y mentira pero que no se deben a la mitomanía.

Igualmente se ha tratado de ofrecer información y recomendaciones para familiares y amigos sobre cuál es la mejor forma de actuar ante un mitómano, sobre todo haciendo hincapié en aquellas personas que están iniciando una relación con un mitómano, y en aquellas parejas estables que están planteándose si merece la pena el esfuerzo por mantener la relación a pesar de las mentiras.

Todo ello basado en las últimas investigaciones científicas, presentadas de forma clara, evitando los tecnicismos, para hacerlo más accesible.

Igualmente, cada artículo científico expuesto ha sido contextualizado mediante una breve introducción a la temática concreta que quiere resolver, y comentado al final del mismo, lo que supone un plus a la hora de comprender la validez del mismo.

SOBRE JUAN MOISÉS DE LA SERNA

Es Doctor en Psicología, Master en Neurociencias y Biología del Comportamiento, y Especialista en Hipnosis Clínica, reconocido por el International Biographical Center (Cambridge - U.K.) como uno de los cien mejores profesionales de la salud del mundo del 2010. Desarrollando su labor docente en distintas universidades nacionales e internacionales.

Divulgador científico con participación en congresos, jornadas y seminarios; colaborador en diversos periódicos, medios digitales y programas de radio; autor del blog "Cátedra Abierta de Psicología y Neurociencias" y de diecisiete libros sobre diversas temáticas.

Actualmente desarrolla su labor de investigación en el ámbito del Big Data aplicado a la Salud, para lo cual trabaja con datos provenientes de la India, EE.UU. o Canadá entre otros; labor que complementa con la asesoría a Startups tecnológicas orientadas a la Psicología y el Bienestar personal.

www.ingramcontent.com/pod-product-compliance
Lightning Source LLC
Chambersburg PA
CBHW051915250726
48659CB00002B/663